위험이 있는 곳에 기회가 있고, 기회가 있는 곳에 위험도 있다.
이 둘은 분리될 수 없다. 이 둘은 함께 한다.

나이팅게일

또 실패했는가? 괜찮다. 다시 실행하라.
그리고 더 나은 실패를 하라.
사무엘 베케트

기회는 노크하지 않는다.
그것은 당신이 문을 밀어 넘어뜨릴 때 모습을 드러낸다.
카일 챈들러

나의 성공의 비결은 고난이 올 때마다
일보 전진한 것뿐이다.
윌리엄 부스

**코로나 이후
불황을 이기는 커리어 전략**

옮긴이 박성현

서울대학교에서 외교학 석사 학위를 받았다. 트럼프 대통령 탄핵 결의안이 가결되면서 미국
이 한창 떠들썩하던 당시 행정명령이 보여 주는 미국의 대통령 권력을 정치 제도 안에서 설
명한 연구로 논문을 썼다. 관심 분야는 미국 정치, 정치 제도, 정치학 방법론이다. 북한인권
정보센터와 리홉^{ReHope} 등 NGO에서 인턴을 하며 연구서를 번역하였다. 옮긴 책으로『코로
나 이후의 세계』가 있다.

코로나 이후
불황을 이기는 커리어 전략

펴낸날 2020년 9월 30일 1판 1쇄

지은이_제이슨 솅커
옮긴이_박성현
펴낸이_김영선
책임교정_이교숙
교정,교열_남은영, 양다은
경영지원_최은정
디자인_바이텍스트
마케팅_신용천

펴낸곳 (주)다빈치하우스-미디어숲
주소 경기도 고양시 일산서구 고양대로632번길 60, 207호
전화 (02) 323-7234
팩스 (02) 323-0253
홈페이지 www.mfbook.co.kr
이메일 dhhard@naver.com (원고투고)
출판등록번호 제 2-2767호

값 14,800원
ISBN 979-11-5874-087-0

이 도서의 국립중앙도서관 출판예정도서목록(CIP)은 서지정보유통지원시스템 홈페이지(http://seoji.nl.go.kr)와 국가자
료공동목록시스템(http://www.nl.go.kr/kolisnet)에서 이용하실 수 있습니다.(CIP제어번호: CIP2020037055)

세계 1위 미래학자의 코로나 위기 대응책

CAREER
STRATEGY

코로나 이후
불황을 이기는 커리어 전략

제이슨 솅커 지음 | **박성현** 옮김

미디어숲

불확실성 속에
기회는 있다

전 세계가 코로나19로 힘겨워하고 있다. 팬데믹이 덮치고 경제 활동이 중단되면서 역사상 가장 강력한 글로벌 불황이 찾아왔다. 일부 국가는 더욱 기민하게, 더욱 효과적으로 문제를 극복하고 있다. 단언컨대 바로 한국이 그러하다. 안타깝지만 미국을 두고는 같은 평가를 하지는 못하겠다.

한국은 혁신과 기술 중심지로서 우위를 갖고 있고 데이터와 전문 지식을 존중하는 문화 덕분에 대부분의 다른 국가들에 비해 코로나19 확산을 효과적으로 막는 데 역동성을 보여 주었다. 게다가 과거

메르스MERS로 인한 비극을 경험하면서 코로나19가 닥쳤을 때 의료, 사회, 정책 면에서 좀 더 준비된 상태였다.

광범위한 검사 시행, 발 빠른 의료 협력 대응 체계, 사회적 거리두기와 마스크 착용 등이 성공적으로 작동한 한국형 대응 모델은 신종 바이러스의 전 세계 확산 속에서도 가장 효과적인 결과를 만들어 냈다.

이처럼 한국이 다른 국가들에 비해 훨씬 나은 모습을 보여 주었지만 여전히 팬데믹의 위험은 존재한다. 게다가 글로벌 경제는 악화하고 있다. 거시적으로 경제는 도전 과제를 안게 됐으며 더 중요하게는 개인들에게 부정적 영향을 미치고 있다. 유망한 직업은 수명이 짧아졌고 전문직의 명성은 예전 같지 않다. 따라서 불황에 대비하기 위해서는 불확실성을 대비하는 전략 마련이 중요하다.

미래를 생각하면 우리의 삶을 더 안전하게 하는 기술을 수용하는 것이 점점 더 중요해지고 있다. 코로나19가 어떤 패턴으로 확산하는지를 잘 이해하려면 데이터를 지속해서 활용해야 한다. 또한 원격업무, 전자상거래, 그리고 다른 '원격 생활' 서비스와 기술을 확장해야 한다. 머지않아 이와 같은 환경을 기반으로 한 창업과 혁신의 기회가 생길 것이다.

하지만 원격 기반의 새로운 환경이 비단 창업가들에게만 유효한 것은 아니다. 자신의 커리어를 발전시키기 위해 온라인 교육 과정을 수강하고 적극적으로 자신의 가치와 콘텐츠를 마케팅하는 것이 점점 더 중요한 요소로 자리 잡을 것이다. 특히 한국이나 미국과 같이 고도로 경쟁적인 노동 시장에서는 말이다.

기술, 의료, 공급망supply chain 분야에서 커리어는 최근 몇십 년 사이에 더욱 중요해졌다. 코로나19의 여파를 맞은 오늘날과, 앞으로 10년을 내다보자면 그 중요성은 점점 더 커질 것이다.

미래에는 여러 위험이 도사리고 있다. 하지만 일에 대한 열망, 지식에 대한 갈증, 성취하려는 의지를 가진 사람들에게는 반드시 기회가 온다.

불확실성의 시대를 살아가는 여러분에게 건강과 성공이 가득하길 바란다.

텍사스에서 제이슨 솅커
퓨처리스트 인스티튜트 의장

불황을 이기기 위한
개인 맞춤 전략

세계적으로 제조업이 침체하고 미국 내 기업 투자마저 저조하던 2015년 나는 『불황에서 자유롭기: 경기 침체 속 생존과 번영의 비결 Recession-Proof: How to Survive and Thrive in an Economic Downturn』을 쓰기 시작해 이듬해 2월 출간했다. 당시 기업들은 경제적 부담을 느끼고 있었지만 다행히 소비자와 미국, 세계 경제 전반으로 번지지는 않았다. 다만 그럴 가능성이 컸다.

하지만 지금은 사정이 다르다. 깊은 불황이 찾아왔다. 기업과 소비자 모두 위험하다. 2007년부터 2009년까지 찾아온 글로벌 금융위기 때의 대 침체에 버금가는 수준이다. 지금의 팬데믹이 지나고 경제가 회복되기까지 상당한 시간이 필요할지 모른다. 개인과 기업이 할 수 있는 최선은 여기에 준비하고 대응하는 것이다.

이 책에서 나는 경기 침체를 맞은 개인들이 성공을 거두는 데 필요한 전략을 소개하고자 한다. 사실 이 책의 큰 목적은 개인들이 불황을 이기게 하는 데 있다.

힘든 결정을 내려야 할 때

이 책은 개인들이 코로나19 팬데믹으로 인한 불경기를 전략적으로 이겨갈 수 있도록 나의 조언을 담고 있다. 이는 프레스티지 이코노믹스Prestige Economics의 연구를 기초로 하고 있다.

물론 이 책에 쓰인 전략 중에는 실천하기 쉬운 것도 있고 그렇지 못한 것도 있다. 기초적인 전략에서부터 어려운 전략에 이르기까지 단계적으로 소개한다.

어떠한 책도 홀로 완성되지 않는다. 이 책 한 권이 나오기까지 편집, 파일 전환, 디자인, 프로젝트 기획 등 숱한 노력이 들어갔다. 팀 없이는 할 수 없는 일이다.

다양한 측면에서 『불황에서 자유롭기』는 이 책의 초고와 같다. 책의 출간을 도와준 출판사 라이온크레스트Lioncrest 팀에 감사를 전한다. 하지만 누구보다 내가 운영하는 프레스티지 이코노믹스와 프레

12

스티지 프로페셔널 퍼블리싱Prestige Professional Publishing의 팀들이 직접 책의 출판 과정에 함께해 주어 가장 기쁘다. 원고가 책이 되도록 도와준 팀의 수고에 고마움을 전한다.

계속해서 이 책의 출판을 도와준 나우팔 파텔 국장에게 감사하다. 팀을 꾸려 운영하는 커다란 일을 맡아 주었고, 일이 진행되도록 도와주었다. 또한 이 책의 새로운 커버를 만드는 멋진 작업을 해 준 케리 엘리스에게도 고마움을 전한다.

무엇보다도 학업과 커리어를 쌓고 기업가와 작가로 보낸 시간 동안 지지를 보내 준 우리 가족에게 가장 고맙다는 말을 전하고 싶다. 사랑하는 아내 애슐리 셍커가 지지해 준 데에 가장 고마움이 크고, 나의 멋진 부모님 재닛 셍커와 제프리 셍커에게도 감사하다.

가족이 보내 준 정서적 지지와 편집 조언들은 말로 다 할 수 없는 힘이 됐다. 책을 출간할 때면 매번 말도 안 되게 가족이 더 바빠진다. 가족들에게 그리고 이 과정에 도움을 준 모든 이들에게 감사의 말을 하고 싶다.

끝으로 독자 여러분께 감사하다. 이 책이 불확실한 시대에 좋은 나침반이 되기를 바란다.

저자 제이슨 셍커

13

contents
차례

||||||||||||||||||||||||||||||||||||||||||||||||||||||||||||||||||||||

지금 알고 있는 걸
그때도 알았더라면

2001년 내가 막 대학원 과정을 마쳤을 때 미국 경제가 불황에 들어섰다. 내 커리어는 경제 상황에 상당히 타격을 받았다. 당시 불황이 다가오는 것을 알았더라면 다른 일을 했을 거라고 후회한 기억이 있다. 졸업과 여름 단기 아르바이트summer job(미국 대학생들이 여름 방학을 활용해 단기로 하는 일-옮긴이)와 같은 내 삶의 주요한 선택 역시 다가오는 불황을 알았다면 달라지지 않았을까. 불행히도 난 그러지 못했다.

2001년 불황 이후 난 경제학자가 되기로 마음먹었다. 그래서 다음

번에는 불황이 다가오고 있음을 알고 또 불황으로부터 자유롭게 되길 바랐다. 불황에 피해를 보았다고 해서 다음번 불황에 좀 더 잘 대처하려고 경제학자가 되는 사람은 찾아보기 힘들다. 하지만 내가 바로 그랬다.

2007~2009년 사이 글로벌 금융위기가 찾아왔을 때 나는 경제학자였고 다가오는 불황에 준비되어 있었다. 나의 경제적 노하우를 활용해 내 앞길을 운영하고, 설계하고, 투자해 나갔다. 그때 나는 프레스티지 이코노믹스라는 기업을 설립했다. 시작은 미미했지만 현재 세계에서 가장 정확한 상품을 제공하는 금융 시장 조사 및 컨설팅 회사로 우뚝 섰다.

또다시 불황이 고개를 드는 지금 내가 지난 두 번의 불황에서 배운 것을 공유하고자 한다. "지금 알고 있는 걸 그때도 알았더라면" 하는 후회를 누구나 한 번쯤 해봤을 것이다. 이 책은 그런 나의 안타까운 후회를 담고 있다. 2001년 경기 침체와 2007년 금융위기로 접어들 때 알았더라면 좋았을 모든 내용을 이 책에 담았다. 그리고 현재의 불황을 지나는 데에 도움이 될 조언 역시 충실하게 담았다. 이 책에서 전하는 불황을 이기는 방법은 다음과 같다.

- 몇 번의 클릭으로 다음 불황을 예측하는 법
- 불황을 돈 버는 기회로 바꾸는 법
- 너무 늦기 전에 운 나쁜 업종을 탈출하는 법

- 동료들이 해고된 이후에도 직장을 유지하는 법
- 안전한 분야로 대피하는 법
- 돈이 모이는 곳으로 움직이는 법
- 급격한 경기 침체에서 살아남는 법

다음번 불황이 코앞에 와 있다. 그리고 당신이 나처럼 경제학자가 되지 않고도 불황을 이길 수 있도록 이 책은 그 방법을 제시한다.

프레스티지 이코노믹스의 설립자이자 회장, 그리고 선임 경제학자로서 나는 규모 있는 상장 기업에서 규모가 작은 개인 사업체에 이르기까지 다양한 기업을 상대로 자문해 왔다. 중앙은행, 정부 부처, 고액의 개인 투자자, 항공사, 석유 및 가스 회사, 재료 취급 기업, 자동차 제조사, 채굴 기업, 운송 기업에 이르기까지 다양한 곳에서 나의 자문 서비스를 이용했다. 고객들은 나에게서 위기관리, 전략, 경제학, 예측과 관련하여 자문을 구했다.

기본적으로 나는 고객 스스로가 자신에게 닥칠 수 있는 위험성을 이해하도록 돕고 이후 위험 요인들로부터 긍정적 기회를 찾을 수 있게 이끈다. 이 책이 던지는 메시지가 바로 그것이다. 이 책은 경제 불황 속에서 기회를 발견하도록 도울 것이다.

앞선 경고는 앞선 준비다

고객을 상대로 자문 서비스를 제공하듯 독자 여러분이 불황에서 우위를 점하기를 바라는 마음으로 이 책을 썼다. 그러니 두려움에 굴복하지 않기를 바란다. 건전한 지식과 현명한 결정으로 해낼 수 있다. 제대로 된 도박을 할 수 있고, 성공하지 못했을 때는 그에 따른 최고의 대안을 세울 수 있다.

이 책을 통해 불황이 어떻게 다가오든 살아남는 것을 넘어 더 크게 번영하도록 준비할 수 있을 것이다. 비록 이 책에 담긴 조언이 코로나19 팬데믹 이후 환경을 염두에 두었지만 그 전략은 훗날 또 다른 경기 침체를 지나는 이들에게도 도움이 될 것이다.

사람들이 경제의 역동성을 두고 경기 순환이라고 부르는 데는 이유가 있다. 이는 성장과 침체가 패턴을 이루며 반복하기 때문이다. 미래에 또 다른 도전 과제와 마주할지도 모른다. 앞서 경고를 받는 것은 앞서 무장되는 것이다. 심지어 경기 침체기에도 생존과 번영의 기회는 있다. 내리막길에도 올라갈 기회가 있다.

이 점을 머릿속에 기억하고 시작해 보자!

생각해 보면 불황을 이기기에 지금보다 좋은 때가 또 있을까.

1장

불황은 선택지를 앗아간다

코로나19로 인해 경제가 침체하고 있다. 불황을 이기기 위해서는 먼저 불황에 대해 알아야 한다. 언제, 어떻게 불황이 오는지를 말이다. 경기 침체에서 가장 고통스러운 부분을 꼽자면 무직과 실업이다.

불황에 관한 이야기로 깊이 들어가기 전에 먼저 불황이 무엇인지부터 짚어 보자. 경제학자들이 말하는 불황이란 한 국가에서 국내총생산GDP을 기준으로 2분기 이상 연달아 성장이 감소하는 것을 말한다. 쉽게 말해 6개월간 생산이 줄어드는 것이다. 최근 국민경제연구소National Bureau of Economic Research에서 사용한 정의는 좀 더 간단한데, 그 정의에 따르면 바로 지금 미국뿐 아니라 세계가 그러한 불황 상태에 있다.

불황은 전국적으로 경제 활동 및 소득이 감소하는 때를 말한다. 기업이 점차 축소되면 노동자는 실직하게 되고 가정은 허리띠를 졸라매야 한다. 결과적으로 모두에게 짐을 지운다. 경제학에서 일정한 주기에 따라 경기가 상승하고 하강하는 과정을 되풀이하는 변동을 경기 순환business cycle이라고 부른다. 상승 부분이 성장 또는 팽창이라 불리는 지점이다. 사람들이 일자리를 얻고, 임금이 올라가고, 보너스를 두둑하게 받는 것처럼 보인다. 이 시기 사람들은 사업을 키우고, 주식 시장에서 돈을 벌고, 차를 사고, 행운을 느낀다. 반면 경기가 하강 국면이라는 것은 불황을 말한다. 모든 사람이 겁에 질려 움츠러든다.

경기 주기의 상승 부분은 하강 부분의 조건을 설정하고, 하강 부분은 상승 부분의 조건을 설정한다. 거의 자연법칙과 같다. 마치 진자의 흔들림처럼 수 세기 동안 계속되어 왔다.

이에 대해 경제학자들은 대체로 다음과 같이 설명한다.

경제가 성장하고 있을 때 사람들은 주머니 사정이 좋으므로 기업은 물건의 가격을 올린다. 전반적인 물건의 가격이 오르면 달러 한 장의 가치는 그 이전만 못하다. 이것을 인플레이션이라고 한다. 과도한 인플레이션은 바람직하지 않다. 돈의 가치에 대한 신뢰가 사라지고 혼돈의 정국으로 빠지기 때문이다. 램프에서 한 번 나온 지니는 다시 들어가기가 쉽지 않은 법이다.

제1차 세계대전 이후 독일에서 전해지는 옛이야기가 있다. 당시 인플레이션이 걷잡을 수 없어 현금 가치가 매시간 떨어지는 초인플레이션 시대였다. 한 남자가 독일 마르크^{Mark} 화폐가 가득 든 손수레를 가게에 가져와 빵 한 덩어리를 사려고 했다. 가게 안으로 들어간 그가 다시 밖으로 나왔을 때 강도를 맞았는데 손수레는 사라지고 돈만 남았다.

상상하고 싶지 않은 시나리오지 않은가.

인플레이션을 막기 위해 중앙은행(미국의 경우 연방준비제도^{Federal} $^{Reserve\ System}$)은 금리(화폐의 가격)를 올려 사람들이 대출받는 것을 어렵게 만든다. 그렇게 되면 시중에 돈이 줄어들어 기업이 계속해서 사업을 키우거나 가격을 올릴 수 없게 된다. 경제 성장은 점차 둔화하고 결과적으로 인플레이션 역시 떨어진다. 기업은 위축되고 가정은 지출을 줄인다.

결국 불황이 온다.

중앙은행은 인플레이션 지니를 램프 안으로 다시 집어넣은 데에 만족스러워할 것이다. 이제 다시 금리를 낮춰 투자를 위한 자금을 좀 더 구하기 쉽게 한다. 개인과 기업들이 자금을 확보하고 투자를 하면서 성장은 회복되고 순환은 다시 시작된다. 이처럼 중앙은행은 인플레이션과 싸워야 할 필요성과 성장을 장려해야 할 필요성 사이에서 균형을 맞추느라 정말 힘겨운 싸움을 한다.

경기 침체와 인플레이션의 차이는 직장을 잃는 것과 집이 불타 무너지는 것의 차이와 같다. 경기 침체는 사람들의 삶에 부정적이고 즉각적인 영향을 남긴다. 그러나 지나친 인플레이션은 전체 국가의 부를 파괴할 수 있다.

경기 순환을 좀 더 쉽게 이해하기 위해서는 사람들의 감정에 대해 생각해 보면 좋다.

경제 순환의 상승 주기에서 사람들은 낙관적이고 자만에 빠져 지출을 늘리는 데 거리낌이 없다. 사람들은 흥청망청 돈을 많이 쓰고, 필요하지 않은 물건을 사거나 돈이 되지 않는 곳에 바보같이 투자한다. 결국 이들은 자신이 얼마나 과소비를 했는지 깨닫고 덜컥 겁을 먹는다. 새롭게 시작한 벤처사업을 중단하고 단념해 버린다.

계속해서 소비를 줄이고, 줄이고, 줄이면 망하고 말 것이다. 소비를 줄일수록 이들이 두려워하는 경기 침체기에 빠져든다. 이것이 곧 불황이다.

그리고 하강기가 충분히 악화하면 경제 공황depression이 된다.

영화 〈더티 해리Dirty Harry〉(1971)의 유명한 대사 중에 "운이 좋은 줄 알았냐, 애송아?^{Are you feeling lucky, punk?}"가 있다. 사람들이 운이 좋다고 느낄 때 성장이 있다. 그리고 운이 나쁘다고 느낄 때는 수축, 즉 '불황'이 있다. 이는 불황이 부분적으로는 자기충족적(예언대로 성취되는) 예언이란 말이기도 하다. 우리가 일어나리라 생각하기 때문에 실제로 일어나는 것이다. 하지만 그렇다고 해서 덜 현실적이거나 덜 필연적인 것은 아니다.

두려움과 탐욕의 경제학

사실 경기 순환을 설명하는 훨씬 더 쉬운 방법이 있다. 이야기 하나를 들려주겠다.

2004년 초 나는 와코비아^{Wachovia} 은행에서 경제학자로 일했다. 와코비아는 현재 웰스파고^{Wells Fargo} 은행에 인수되었지만 당시에는 거대 규모의 독자적인 은행이었다. 기준에 따라 다르지만 미국 내에서 세 번째 혹은 네 번째로 큰 은행이었다. 나의 업무는 인플레이션, 자동차 산업, 그리고 세계 경제를 선도하는 여타 중요 종목들을 모니터링하는 일이었다.

직장에 한 달여 있으면서 무언가 눈에 띄었다. 인플레이션이 증가하고, 유가가 오르고 있었다. 내가 응용경제학 석사를 마친 지 얼마 되지 않은 때였다. 내가 배운 화려한 통계학 기법을 사용해 숫자들을 적고, 많은 이들을 깜짝 놀라게 할 예측을 제시했다. 내 예측은 이러했다. 그해가 끝나기 전까지 유가가 배럴당 50달러를 넘어서리라는 것.

처음엔 아무도 믿지 않았다. 당시 유가는 30달러 선이었고 50달러를 넘어선다는 건 있을 수 없는 일이었다. NBC 저녁 뉴스 기자가 내게 전화해 예측을 비웃던 일이 생각난다.

그해 9월 말 휴스턴에 있었는데 기어이 그 일이 터지고 말았다. 수개월째 유가가 오르고 있었고 사상 처음으로 50달러를 찍었다. 이후로도 계속 올라갔다. 내 예측이 적중한 것이다.

나는 하룻밤 사이에 새로운 직함을 달게 되었다. 그 큰 와코비아 은행의 선임 에너지 경제학자가 되어 6개월 이상을 일했다. 내가 하려는 이야기는 이것이 아니다.

내가 새로운 직함을 달게 된 이후의 일이다. 내 업무 책상은 외환 거래 담당 부서와 같은 층에 있어 이들과 항상 마주쳤다. 하루는 그쪽 부서에서 몇몇이 내게 오더니 말을 걸기 시작했다. "제이슨, 유가 예측한 걸 봤어. 예측이 정말 좋던데. 대단해. 정말 틀을 깨버리더니 맞혔잖아."

쉽게 칭찬을 남발할 이들이 아니었기에 본심을 밝히길 기다렸다. "어… 고마워!"

이들이 빠르게 말을 이어갔다. "물론 실력이 좋은 건 알겠어. 그런데 정말 경제를 잘 아는 거야? 깜짝 퀴즈를 하나 낼게. 딱 하나야."

그때 나는 신입이었고 일도 새로웠지만 화려한 직함을 달고 여기저기서 CEO가 내 이름을 언급했다. 난 정말 대답을 잘못해서 나의 명성을 망치고 싶지 않았다. 정말 힘든 테스트가 될 것만 같았다.

그러더니 "시장을 움직이는 두 가지 요인이 뭐지?" 하고 물었다. 생각보다 수월한 질문이라고 생각했다. 이 정도면 누워서 떡 먹기이지 않은가! "쉬운 질문이네요. 수요와 공급입니다."

부서 직원들은 실망감에 고개를 뒤로 젖혔다.

"이보단 더 잘할 줄 알았지."라고 말하자 나는 "무슨 말씀이시죠? 수요와 공급이 아니면 무엇인가요?" 하고 되물었다. 그러자 직원들은 "시장을 움직이는 것은 두려움과 탐욕이지!" 하고 말했다.

두려움과 탐욕이라니! 전문적인 느낌은 들지 않아도 기본적으로 맞는 말이었다. 외환거래 직원과 분석가가 '방향적으로 옳다'고 할 만한 평가였다. 그래서 마지막으로 경기 순환에 대해 두려움과 탐욕의 관점에서 설명하려 한다.

탐욕부터 시작해 보자. 맛있게 잘 익은 체리가 무거워 나뭇가지가 처진 체리나무가 있다. 사람들은 체리나무를 보고 욕심을 부린다. 나무에서 맨손으로 체리를 따는데, 낮게 달린 체리가 모두 없어질 때까지 광기를 멈추지 않는다. 그리고는 사다리차를 사서 더 높은 나뭇가지에 있는 체리도 따기 시작한다. 이들이 일을 너무 잘한 나머지 돈을 퍼부어 일반 사다리차를 도금한 사다리차로 교체했다. 시대가 좋지 않은가. 이제 모두가 값비싸고 사치스러운 사다리차로 체리를 따고 있는데 머지않아 남은 체리가 모두 사라질 예정이다.

그러면 이제 탐욕은 두려움으로 변질한다. 모두가 당황한 나머지 나무에서 도망치고 사다리차를 팔고 몸을 숨긴다.

불경기가 되었다.

1년 후 체리는 다시 자랐다. 모두 탐욕 모드로 돌아가 다이아몬드가 박히고 와이파이와 안마의자가 달린 터치스크린으로 작동하는 사다리차를 사서 체리나무에 열광한다. 그리고 또다시 반복한다.

나는 저 체리나무를 모니터링하고 보고하는 일을 한다. 다음 장에서 나올 통찰력은 여러분이 체리 따기 게임에서 앞서 나가는 데 도움이 될 것이다.

도표 1-1은 두려움과 탐욕의 경제학을 잘 보여 준다. 도표에서 드러나듯 탐욕이 높고 두려움이 낮아질수록 투자는 커진다. 반대로 두려움이 높고 탐욕이 낮아질수록 투자는 줄어든다.

<도표1-1> 두려움과 탐욕의 경제학

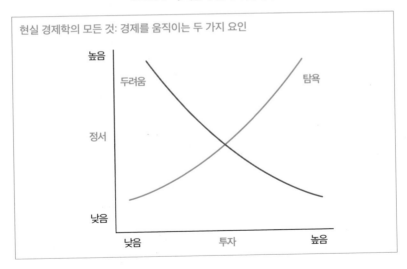

불황이 오는지 어떻게 아는가?

불황이 언제 오는지에 답하고자 경제학자들이 쓴 글만 수백만 페이지에 달한다. 하지만 이 모든 게 몇 가지 단순한 사실로 모아진다.

경고의 징후: 실업률이 상당히 감소한다. 미국 연방준비제도이사회(이하 '연준')는 호황이 다소 지나치게 좋아지고 있다며 긴장한다. 그래서 사업을 시작하거나 확장하기 위해 돈을 빌리는 가격인 이자율을 올린다. 2018년 가장 최근에 일어난 일이다. 호황기가 좀 지나치다 보니 제동을 걸기로 했다는 얘기다. 불황이여, 어서 오라.

떠오르는 위험 요인: 중국 경제가 둔화하고 있다. 중국에서 생산한 물건은 전 세계로 흘러 들어간다. 따라서 중국의 경제 발전이 둔화한다는 것은 세계 경제에 적신호가 켜졌음을 뜻한다. 게다가 중국은 연료, 식료품, 원자재 등 전 세계에서 소비하는 재화가 어마어마하다. 이러한 추세는 2018년과 2019년까지 계속되었지만, 2020년 상반기 들어 급격히 나빠졌다.

위험 지대: 미국의 ISM 제조업 지수ISM Manufacturing Index가 손익분기점이 되는 50선 아래로 떨어진다. 이는 미국의 제조업이 위축되고 물건이 만들어지지 않고 있다는 것을 의미한다. 유로존의 제조업 구매관리자지수PMI와 중국의 Caixin 제조업 구매관리자지수도 마찬가지라면 이는 글로벌 제조업에 좋지 않은 일이다. 도표 1-2에서 볼 수

있듯이 바로 그 일이 2020년 초에 일어났다.

사실 글로벌 제조업과 투자의 둔화는 코로나19 펜데믹과 불황 이전인 2018년과 2019년에 이미 나타나고 있었다. 도표 1-3에 나타난 2020년 7월 국제통화기금(이하 'IMF')의 회복 전망은 전 세계 GDP의 점진적인 회복에 대한 기대를 반영하고 있다.

<도표 1-2> 글로벌 제조업 구매관리자지수

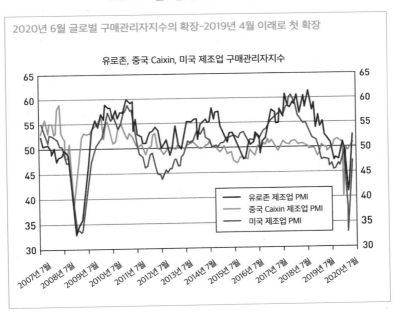

<도표 1-3> IMF 회복 전망

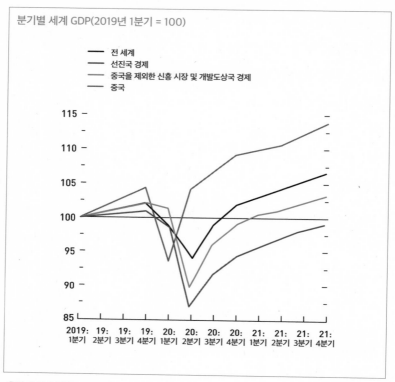

분기별 세계 GDP(2019년 1분기 = 100)

— 전 세계
— 선진국 경제
— 중국을 제외한 신흥 시장 및 개발도상국 경제
— 중국

출처: IMF 추정치

도표 1-3은 2021년 4분기까지도 선진국의 총 GDP 수준이 2019년 1분기 수준에 미치지 못할 가능성이 커서 선진국 경기 회복세가 가장 더디다는 것을 보여 준다. 그렇게 되면 선진국들은 2022년 중반이나 후반이 되어서야 2019년 4분기 불황 이전의 수준을 회복할 수 있다.

신흥국과 개발도상국의 전망은 선진국보다는 낮다. 하지만 경제 성장에서 일어난 손실은 앞으로 한동안 이어질 것으로 보인다. 신흥 시장과 개발도상국뿐 아니라 선진국도 마찬가지다.

도표 1-4는 2020년 4월, 세계 경제 전망이 얼마나 심각한지를 보여 준다. IMF가 전망한 1인당 GDP의 마이너스 성장 국가의 비율이 2007~2009년 금융위기의 최고치를 넘어설 가능성이 높다.

도표 1-4는 2020년 4월 PPP(구매력평가) 불황을 경험할 것으로 예상하는 국가 비중이, 대불황 때 보인 비율에 필적할 수 있다는 것을 보여 준다. 이는 IMF 자료에서 불황을 보여 주는 또 다른 중요한 지표다.

IMF의 세계 및 국가 GDP 성장률 전망치(도표 1-5)는 2020년 6월 발표됐으며 여기엔 전 세계적인 경기 침체 심화에 대한 예측도 포함됐다. 미국과 선진국 전망은 특히 어두웠다.

<도표 1-4> 불황의 강도

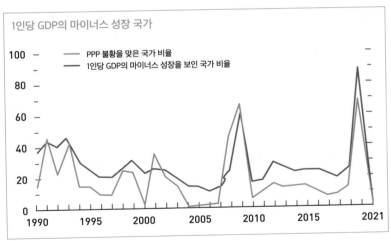

출처: IMF 추정치

참고: PPP(Purchasing Power Parity)는 구매력평가

경제 살인으로 시작되는 불황

2019년 1월, 압박 속에 있는 주식 시장은 경제 성장을 촉진하기 위해 고안된 정책 소통과 미래 지침forward guidance(중앙은행이 향후 통화 정책 방향을 외부에 알리는 조치-옮긴이)을 받았다. 2019년 위원회에는 현 연준 의장인 제이 파월Jay Powell을 비롯해 전임 재닛 옐런Janet Yellen 의장과 벤 버냉키Ben Bernanke 의장도 포함됐다. 당시 버냉키는 날 선 비판을 가했다. 경기 순환은 "시간이 지나면 죽는 것이 아니라 살해된다."라는 것이다. 그가 옳았다!

• 2001년 경제는 닷컴 버블에 살해됐다.
• 2007~2009년 경제는 서브프라임 모기지 버블과 금융위기에 살해됐다. 서브프라임 모기지는 주택담보대출에서 심사에 통과하지 못하거나 신용 등급이 낮은 사람들을 위해 주택을 저당 잡아 해 주는 대출을 말한다.
• 2020년 글로벌 경제 성장은 코로나19 팬데믹에 살해됐다.

2019년 위원회는 그해 초 주식 시장을 한층 끌어올렸지만 2020년 코로나19의 여파로 경기 침체는 피할 수 없었다. 한 가지 분명한 사실은 경기 순환이 계속되리라는 점이다. 살해될 위험이 있는 경기 순환은 다시금 GDP 성장, 일자리, 주식 시장에 위협이 될 것이다. 물론 경기 침체에서 가장 고통스러운 부분을 꼽자면 무직과 실업이다. 하지만 주식 시장은 GDP가 아니고, GDP는 고용 시장이 아니다.

이 책이 인쇄에 들어간 2020년 7월 초 미국에서부터 매우 취약한 일자리들의 자료가 나왔다. 그리고 이 자료는 전혀 다른 두 이야기를 보여 준다.

<도표 1-5> 세계 경제 전망(WEO) (2020년 6월 기준)

실제 GDP 성장(단위: 백분율)

	2018	2019	현재 전망치		2020년 4월 WEO의 전망치와의 차이 1)	
			2020	2021	2020	2021
아르헨티나	-2.5	-2.2	-9.9	3.9	-4.2	-0.5
호주	2.8	1.8	-4.5	4.0	2.2	-2.1
브라질	1.3	1.1	-9.1	3.6	-3.8	0.7
캐나다	2.0	1.7	-8.4	4.9	-2.2	0.7
중국	6.7	6.1	1.0	8.2	-0.2	-1.0
이집트 2)	5.3	5.6	2.0	2.0	0.0	-0.8
프랑스	1.8	1.5	-12.5	7.3	-5.3	2.8
독일	1.5	0.6	-7.8	5.4	-0.8	0.2
인도 2)	6.1	4.2	-4.5	6.0	-6.4	-1.4
인도네시아	5.2	5.0	-0.3	6.1	-0.8	-2.1
이란 2)	-5.4	-7.6	-6.0	3.1	0.0	0.0
이탈리아	0.8	0.3	-12.8	6.3	-3.7	1.5
일본	0.3	0.7	-5.8	2.4	-0.6	-0.6
카자흐스탄	4.1	4.5	-2.7	3.0	-0.2	-1.1
한국	2.9	2.0	-2.1	3.0	-0.9	-0.4
말레이시아	4.7	4.3	-3.8	6.3	-2.1	-2.7
멕시코	2.2	-0.3	-10.5	3.3	-3.9	0.3
네덜란드	2.6	1.8	-7.7	5.0	-0.2	2.0
나이지리아	1.9	2.2	-5.4	2.6	-2.0	0.2
파키스탄 2)	5.5	1.9	-0.4	1.0	1.1	-1.0
필리핀	6.3	6.0	-3.6	6.8	-4.2	-0.8
폴란드	5.3	4.1	-4.6	4.2	0.0	0.0
러시아	2.5	1.3	-6.6	4.1	-1.1	0.6
사우디아라비아	2.4	0.3	-6.8	3.1	-4.5	0.2
남아프리카공화국	0.8	0.2	-8.0	3.5	-2.2	-0.5
스페인	2.4	2.0	-12.8	6.3	-4.8	2.0
태국	4.2	2.4	-7.7	5.0	0.0	0.0
터키	2.8	0.9	-5.0	5.0	0.0	0.0
영국	1.3	1.4	-10.2	6.3	-3.7	2.3
미국	2.9	2.3	-8.0	4.5	-2.1	-0.2

출처: 국제통화기금(IMF), 세계경제전망(WEO), 2020년 6월 기준
참고: 도표에 기입된 국가 경제는 세계 지출의 83퍼센트가량 차지한다.
1) 현재 수치와 2020년 4월 세계경제전망(WEO)의 전망치 차이를 나타낸다.
2) 자료와 전망치가 연간 국가 재정을 나타낸다.

한편, 2020년 5월 미국 고용 보고서는 자료 설정 오류로 13.3퍼센트의 실업률을 보였다. 하지만 주간 실업수당 청구 자료에서는 무직률뿐만 아니라 실업률 역시 훨씬 더 높은 수준을 보였다. 실제로 2020년 6월 20일로 끝나는 주당 실업수당 청구 건수는 1,950만 건을 넘어섰는데 이는 이전 불황 때 최고치였던 660만 건보다 약 3배 높은 수치다.

미국의 실업률은 미국 고용시장의 건전성을 보여 주는 중요한 지표로 연준 정책을 정하는 데 결정적인 요인으로 작용한다. 최근의 실업수당 청구 자료에 따르면 14주 동안 4,700만 명 이상의 미국인들이 무직joblessness이고, 거의 2천만 명의 미국인들이 실업unemployment 상태다. 무직과 실업은 비슷한 개념이지만 조금 차이가 있다. 무직은 직업이 없는 모든 경우, 즉 실업자, 학생, 주부, 노인 등을 모두 포함하는 포괄적인 개념이고, 실업은 노동 능력과 의욕은 있으나 일할 기회가 없어서 일자리를 구할 수 없는 상태다.

주식 시장은 2020년 3월 저점에서 빠르게 반등했다. 반면 노동 시장은 내려가는 에스컬레이터와 올라가는 엘리베이터처럼 움직였다. 간단히 말해 실직률은 떨어지는 속도보다 올라가는 속도가 더 빠르다.

<도표 1-6> 실업수당 청구 건수

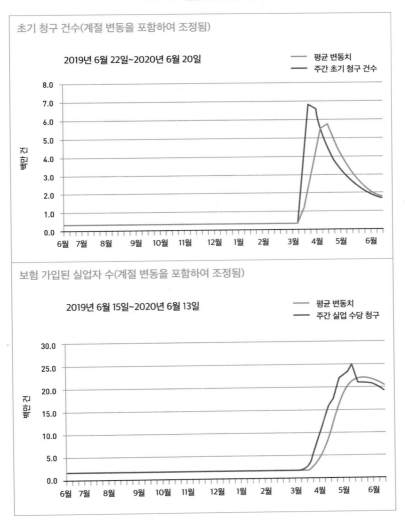

초기 청구 건수(계절 변동을 포함하여 조정됨)

2019년 6월 22일~2020년 6월 20일

평균 변동치
주간 초기 청구 건수

보험 가입된 실업자 수(계절 변동을 포함하여 조정됨)

2019년 6월 15일~2020년 6월 13일

평균 변동치
주간 실업 수당 청구

불황에 맞서는 커리어 전략

1. 무엇보다 불황이 무엇인지 알아야 한다. 전통적으로 불황은 GDP를 기준으로 2분기 이상 연달아 성장이 감소하는 것을 말한다.
2. ISM 제조업 지수는 미국의 제조업 활동과 총 GDP 성장을 보여 주는 중요한 선행지표다.
3. 중국은 세계적으로 원자재 소비 비중이 높아서 중국의 약세는 세계 제조업과 세계 성장의 약세를 암시한다.

2장

개인적 불황은
어떤 모습으로 오는가?

경기 침체는 선택지를 빼앗아 가지만, 이 책은 선택지를 개발시키고 지켜
줄 것이다. 개인적으로나 직업적으로나 그 피해를 최소화할 방법은 있다.

이번 장에서 여러분이 얻어갈 것은 지혜다. 하지만 그 전에 바보 같은 이야기를 먼저 나누고 시작해야겠다. 내 인생에서 가장 멍청했던 생각 두 가지를 들려주겠다.

햇볕이 좋은 1999년 봄날이었다. 나는 버지니아대학에서 경제학 수업을 듣고 강의실을 막 걸어 나오고 있었다. 아름답고 역사적인 중앙 잔디 위로 떨어지는 햇살을 맞으며 한동안 서 있었다. 온 세상은 평안해 보였다. 당시 나는 학부 과정을 마칠 즈음이었고 노스캐롤라이나대학 채플힐캠퍼스의 독일어 석사 과정에 합격한 상태였다.

학비, 건강보험료, 생계비 등 모든 것을 지원받았다. 대학원생으로서 엄청난 규모의 혜택이었다. 게다가 비슷한 학위 프로그램에 있던 친구들은 모두 졸업하자마자 여섯 개 컨설팅 회사로 각자 자리를 잡았다. 당시는 닷컴 버블(1990년대 말 IT 분야가 급격히 성장하면서 주식 시장이 호황을 누리던 시기-옮긴이)이 최고조였던 시기로 미국 역사상 일자리 전망이 가장 좋았다. 나 역시 원하는 민간 부문 일자리를 쉽게 구할 수 있으리라 생각했다. 당시 나는 두 가지 선택지를 두고 어떻게 해야 할지 고민 중이었다. 난 학생인 신분이 좋았고, 더 많은 것을 배우고 싶었다. 그래서 대학원에 진학하는 쪽이 더 맞는다고 생각했다.

내 딴에는 경제가 이렇게 잘 풀린다면 한두 해가 지난 후에 얼마나 찬란한 미래가 펼쳐질까 싶었다. 그때쯤이면 석사 학위를 받을 테고 그러면 난 돈을 더 벌 수 있으리라 확신했다.

이게 내 인생의 두 번째로 멍청한 생각이었다. 난 경제학자처럼 생각하지 못했다. 경기 순환을 알지 못했고 해가 뜨고 나면 반드시 또 지기 마련이라는 것을 알지 못했다. 경제가 뒤통수를 치리라고는 생각지도 못했다. 물론 그때 나는 경제학자가 아니었다. 내가 대학원에서 석사 학위를 취득한 후 취업 시장에 뛰어들 때는 2001년 봄이었다.

오! 그 2년이 얼마나 다른지. 2000년 가을만 해도 연봉이 1만 달러에서 1만 5천만 달러 혹은 2만 5천만 달러에 보너스까지 주던 회사들이, 이제는 유행이 지났다는 듯 직원들을 해고했다. 나는 1999년이나 2000년에 기업으로부터 서면으로 퇴사 제의를 받은 사람들을 만났고 그 후 기업은 1, 2년 동안 채용을 연기했다. 그리고 채용이 영구적으로 연기되면서 많은 이들이 실제로 일자리를 얻지 못했다.

"지금 괜찮으면 내일은 더 괜찮아질 거야!"

앞에서도 말했지만 이것이 나의 두 번째 멍청한 생각이었다. 또한 내가 비즈니스 경제학자가 되기 이전에 배운 교훈이자 경제학자가 아닌 이들과 공유하고 싶은 경제에 대한 가장 중요한 생각이기도 하다.

가장 멍청했던 생각

이제 소개할 생각은 앞서 말한 것보다 훨씬 더 바보 같은 생각이다. 이런 생각은 단지 내 커리어만 망친 게 아니라 하마터면 죽을 뻔했다.

1997년 7월 12일 스페인 팜플로나에서 있었던 일이다. 나는 스무 살이었고 세계적으로 유명한 황소 달리기 축제인 산 페르민^{San Fermin} 축제에 와 있었다. 난 막 십대를 지나 패기로 가득했다. 그래서 헤밍웨이처럼 행동하고 대회에 참가하기로 했다. 위험 따위야 개나 줘 버려!

TV에서 한 번쯤 붉고 흰옷을 입은 남자들이 투우 경기장으로 나 있는 몹시 작고 좁은 길을 뛰어가고 바로 그 옆을 수십 마리의 황소들이 투우사를 거의 짓밟고 뿔로 받을 듯이 달리는 모습을 본 적이 있을 것이다. 그 비디오에 나오지 않는 것, 그리고 나도 몰랐던 사실은 대회가 거기서 끝나지 않는다는 것이었다.

그렇다, 거기서 끝나지 않았다. 나는 경기장에 무사히 도착했고 어떤 남자들이 황소들을 울타리 안에 가두어 대기시켰다. 그러곤 대신 '새끼 황소'들을 풀어 놀게 두었다. 새끼황소들은 고작 한두 살밖에 안 되고 뿔이 가늘어서 뿔로 들이받을 수가 없다. 그렇다 하더라도 무게는 족히 150에서 200킬로그램은 나간다. 그래서 '놀이'라고 부르기엔 다소 오해의 소지가 있다.

이건 황소들의 달리기가 아니다. 진짜 액션이다. 이에 대해 아무도 경고하지 않는다. 이것이 '알려지지 않은 미지^{unknown unknown}'이다. 나는 '액션 좋지. 어떻게 될지 한번 보자.'라고 생각했다.

아침 7시, 경기장은 관중으로 가득 찼고, 2미터가 채 안 되는 하얀 벽이 덩치 크고 덜떨어진 남자들과 관중을 갈라 세웠다. 벽은 관중석은 안전하게 보호했지만 나처럼 경기가 펼쳐지는 현장에 있는 이들에게는 아니었다.

처음 눈에 띈 것은 도망치려는 한 남자의 꽁무니를 뒤쫓는 새끼 황소였다. 짜릿한 광경을 상상했을지는 몰라도 현실은 달랐다. 새끼 황소는 그 남자를 따라잡더니 축구공처럼 공중으로 한 번, 두 번 들이받았다. 그리고 새끼 황소는 두 번이나 다시 그를 덮쳤다.

이쯤에서 얼굴에 웃음기가 사라졌다. 의료진 두 명이 경기장에 올라와 구타당한 남자를 들것에 싣고 안전한 곳으로 데려갔다. 두 번째로 눈에 띈 것은 새끼 황소가 다른 남자를 향해 달려가는 모습이었다. 그 남자는 너무 놀라 두 손으로 얼굴을 가린 채였다. 상식적인 이야기지만 얼굴을 가린다고 해서 황소가 사라지지는 않는다. 황소는 그를 짓밟고 돌아서서 다시 덮쳤다. 보아하니 황소는 2인 1조로 하는 것을 좋아하는 모양이었다.

의료진은 돌아와 두 번째 희생양을 안전한 곳으로 데려갔고 나는 아직 경기장에 서 있었다.

세 번째로 눈에 띈 것은 신나 날뛰는 또 다른 새끼 황소였다. 다행히 25~30명의 건장한 남자들이, 나와 황소 사이를 막고 있었다. 이제 완전히 안전하겠지? 그런데 그게 그렇지가 않았다. 황소가 왼쪽 오른쪽으로 방향을 트니 사람들은 혼비백산하여 이리저리 흩어졌다. 갑자기 앞에 있던 이들이 모두 사라지고 황소는 곧장 내게로 오고 있었다. 그렇게 나는 첫 번째 남자에게서 도망칠 수 없다는 교훈을, 두 번째 남자에게서 숨을 수 없다는 교훈을 배웠다.

자, 이제 질문은 이것이다. "내가 무엇을 할 수 있을까?" 오래되고 상투적인 문구 하나가 생각났다. '황소의 뿔을 잡아라!' 그것이 내가 생각할 수 있는 전부였고 실제로 나는 그렇게 했다.

달려드는 황소가 내 배를 세게 들이받았고, 나는 밑에서 그 뿔을 움켜잡았다. 대단한 전략처럼 들리지만, 여기에도 알려지지 않은 '미지'가 있다. 황소의 뿔을 잡고 있고 내 배에 황소의 얼굴이 묻혀 있을 때는 어디로 가는지 볼 수 없다는 것이다. 흔들리지 않기 위해 난 황소의 목에 매달려 계속해서 버텼다. 황소는 어디로 가는지도 모른 채 달리고, 고개를 휘젓고, 거칠게 돌진했다. 나 역시 어디로 향하는지 알 수가 없었다. 다만 내 다리는 황소 침으로 범벅이 되고 있다는 것 뿐이었다.

마침내 흙바닥에 내려앉았다. 목에 매달려 있었던 덕분에 나는 미끄러져 땅에 사뿐히 떨어졌다. 침으로 떡이 진 바짓가랑이가 온통 모래투성이였지만 다치지는 않았다. 무사했다. 달아날 수도 숨을 수도 없지만 황소의 뿔을 잡으면 해낼 수 있다. 모양 빠질 수도 있고, 재미없을 수도 있고, 침을 좀 묻혀야 할 수도 있겠지만 침쯤이야 누구나 견딜 수 있다. 믿거나 말거나 아직 내 이야기는 클라이맥스에 이르지 못했다. '가장 멍청했던 생각' 말이다.

그들이 새끼 황소를 데리고 나갔다. 조금만 더 인내심을 갖고 이야기를 따라가 보자. 아직 경기장 안이다. 난 여전히 액션이 좋았던 모양이다. 확성기 너머로 안내방송이 들리더니 경기장 안의 사람들이 전부 벽을 뛰어넘어 안전지대로 대피하기 시작한다. 벽에 매달려 허공을 차고 있는 모습이 마치 애니메이션 영화 〈루니 툰Looney Tunes〉의

한 장면처럼 보인다.

안내방송이 스페인어가 아닌 바스크어로 나온 탓에 한마디도 알아듣지 못했다. 벽에서 10여 미터 정도, 경기장 중앙에서는 20여 미터 정도 떨어진 곳에 우두커니 서서 어리둥절한 채로 완전히 기습당했다.

궁금증은 그리 오래가지 않았다. 큰 황소 한 마리가 내가 서 있는 곳 근처에서 경기장 안쪽으로 들어왔다. 이 황소는 1톤에 육박하는 다 자란 괴물로 그날 밤 투우사와 결투하게 될 녀석이었다. 녀석의 뿔이 아침 햇살을 받아 반짝였다. 농담이 아니다. 뿔은 반짝였고 뭉툭했다. 시험을 거쳐 시험으로 다시 시험으로 이어지는 마치 그리스 신화의 비극과 같았다. 달아나면, 새끼 황소를 무사히 넘겼으니 끝이라 생각할지도 모르겠다. 하지만 나를 기다리고 있는 것은 큰 황소들이었다. 다 자란 황소는 나를 쳐다보지도 않은 채 경기장 한가운데로 쿵쾅거리며 입장했다.

여기서 난 가장 멍청한 생각을 했다. "저 황소는 나를 향해 돌아서지 않을 거야."

당연히 황소는 돌아섰다. 나를 쳐다보았고 머리를 숙이고는 땅을 두 번 구르기 시작한다. 쿵. 쿵. 만화의 한 장면 같았다. 나는 속으로 '그래 조금 과한 액션이 되겠구나.'라고 생각했다. 곧장 벽을 향해 달리기 시작했다. 관중들은 날 향해 이리로 오라고 손짓했다. 한 여자분이 완전히 충격과 공포에 질린 표정으로 날 바라보던 것이 기억난다. 벽에 절반쯤 다가섰을 때 관중의 손짓이 멈췄다. 멍한 얼굴을 한 채로 손을 떨구었다. 뒤에서는 황소의 발굽이 쿵쿵거리는 소리가 들렸다. 지금껏 내가 들어본 소리 중 단연코 가장 무서웠다. 무심코 생각하기에 나는 이 1톤짜리 황소에 치여 벽에 꽂힐 것 같았다. 저 황소는 돌아서지 않을 것이다. 그래, 그럴 것이다.

다행히 난 운이 좋았다. 뉴잉글랜드에서 자라며 추운 겨울을 보낸 덕에 실내 체육 시간을 많이 보냈고 나는 체조를 꽤 잘했다. 내 특기는 파이크pike(두 다리를 쭉 펴고 한곳으로 모아 고관절을 접은 자세-옮긴이) 자세였다. 착지는 잘 못 하지만, 점프는 곧잘 했다. 나는 경기장 안을 황소를 피해 도망치다 벽에 부딪혔다. 벽의 높이가 1미터 70정도인데 내 키는 1미터 90이다. 나는 두 손을 앞쪽으로 뻗고는 곧장 공중으로 박차고 올랐다. 완전한 파이크 자세였다. 동시에 5천 명의 관중들이 숨을 들이쉬는 소리가 들려왔다. 공중으로 뛰어오른 나는 콘크리트 관중석으로 곤두박질쳤다. 떨어지는 충격을 팔꿈치로 막았다. 난장판이었다. 콘크리트에 긁힌 팔에서 피가 좀 났고 이후 흉터가 되어 아직도 남아 있다.

하지만 난 무사했다! 자리에서 일어나자 공포에 질린 표정을 하던 그 여자분이 손동작을 지어 보였다. 두 팔을 한 뼘 벌려 내밀고는 "토로, 토로Toro, Toro(투우용으로 사육된 스페인산 수소-옮긴이)"라고 말했다. 날 찌르려는 황소를 얼마나 아슬아슬하게 피했는지 말하려는 것 같았다. 고작 30에서 45센티미터 차이였을 것이다. 그제야 벽 너머 경기장을 내려다보니 황소가 바로 앞에 서 있었다.

아무튼, 젊어서나 할 일이다. 하지만 이 이야기의 요점 그리고 내

가 강연할 때마다 서두에 이 이야기를 꺼내는 이유는 이것이다. 불황
은 1톤짜리 경제 황소다. 마치 그 경기장에서처럼 황소의 뿔을 잡아
야 한다. 모양 빠지고 헷갈리고 불쾌할 수 있다. 침으로 흥건한 바지
에 온통 모래가 묻을 수도 있지만 아마 몸은 무사할 것이다. 다만 해
서는 안 되는 일이 있다면 그건 우두커니 서서 "야, 이 괴물 황소가
어떻게 할지 한번 보자." 하는 식으로 관망하는 것이다.

경기 침체는 선택지를 앗아간다

　불황 속에 살아남아 번영을 꿈꾸는 이들이 '저 황소는 돌아서지 않
을 거야.' 하는 멍청한 생각만큼이나 쉽게 빠지는 함정이 있다. 벌써
한 가지는 소개해 두었다.

　"경제가 이렇게 잘 풀린다면 한두 해가 지난 후에는 얼마나 찬란
한 미래가 펼쳐질까."

　그 밖에 이런 생각도 있다.

　"직장 밖에서까지 네트워크를 쌓을 필요는 없어. 이 회사에는 날
위한 일자리가 항상 있을 거야."
　"내 일에서만큼은 내가 전문가야. 추가 연수를 왜 받아야 하지? 내
일을 대체할 사람은 없을걸."

"회사가 여기저기서 사람들을 해고하고 있어. 하지만 괜찮아. 난 없어선 안 될 인재거든. 나는 회사에 잘 박혀 있다가 불황이 지나갈 때까지 기다리면 돼."

많은 이들이 자기도 모르게 이러한 태도를 보이고 있는데, 슬픈 사실은 이런 태도로는 경기 하강기에 결코 안전하지 못하다는 것이다. 십중팔구 그 뿔에 들이받힐 것이다.

하지만 좋은 소식이 하나 있다. 이 책을 집어 드는 것만으로도 게임에 앞서 있다는 것이다. 상황이 좋을 때든 불경기를 개인적으로 이미 체감하든 간에 당신에게는 선택권이 있다. 선택지를 갖는 것 자체가 그 게임의 이름이다.

경기 침체는 선택지를 빼앗아 가지만, 이 책은 선택지를 개발시키고 지켜줄 것이다. 개인적으로나 직업적으로나 그 피해를 최소화할 방법은 있다. 경기 침체를 기회 삼아 커리어를 바꾸거나 교육을 더 받거나 직장에서 내 몸값을 올리거나 창업을 시도할 수도 있다. 완벽한 직장을 떠올리고 들어갈 방법까지도 생각해 볼 수 있다.

크고 작은 불황이 미치는 영향

불황은 그 모습과 규모에서 다양하게 나타난다. 종종 생각하기에 불황이라 하면 국가 수준 또는 국제적 수준의 일처럼 보인다. CNBC 뉴스를 보거나《월스트리트 저널》을 읽다 보면 금융위기나 대공황과 같은 글로벌 수준의 거대한 불황이 등장한다. 하지만 불황은 그 충격에 있어 훨씬 더 정교하게 나타날 수 있다. 몇 가지 예를 들어보자.

1. 불황은 특정 지역 혹은 더 나아가 어느 도시를 강타할 수 있다

디트로이트Detroit는 대공황 때 큰 타격을 입었다. 또 개인적으로는 알고 있지만 대중에게 덜 알려진 사례로 매사추세츠주의 폴리버Fall River시가 있다. 나는 폴리버 외곽에서 자랐다. 이곳은 오래된 제조공장 도시로 한 세기 넘게 불황을 맞았고 남북전쟁 무렵부터는 흔들리고 있었다.

한때는 세계에서 가장 중요한 섬유 도시였다. 하지만 섬유 산업은 뉴잉글랜드에서 남동쪽으로, 남동쪽에서 멕시코로, 멕시코에서 중국으로, 중국에서 인도와 말레이시아로, 그리고 아프리카로 옮겨 갔다. 다른 지역은 오르락내리락했지만 그 도시는 그렇지 않았다. 폴리버는 그대로 제조공장 도시로 남으면서 불황 역시 계속됐다. 경기가 호황일 때도 좋은 일에는 한계가 있다.

지난 25년간 오스틴Austin시의 건강한 고용 시장은 일자리가 부족한 디트로이트나 폴리버와 극명하게 대조된다. 도표 2-1은 이 세 곳의 실업률을 보여 준다.

<도표 2-1> 지역 수준의 실업률

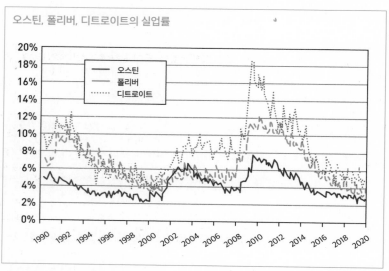

오스틴, 폴리버, 디트로이트의 실업률

출처: BLS, 퓨처리스트 인스티튜트

　불경기는 단순하거나 획일적이지 않다. 금융위기 직후 최악의 실업률을 자랑하던 2009년 말, 미국 내 일부 지역은 타격이 빗겨 갔다.

　러스트 벨트Rust Belt(철강과 자동차, 제조업 등의 산업이 밀집한 미국 중서부와 북동부 지역을 가리킴-옮긴이)처럼 미국에서 가장 큰 타격을 입은 일부 지역은 오늘날 형편이 나아졌지만, 다른 지역은 그렇지 않다. 예를 들어 남서부와 남동부의 회복은 상대적으로 더디다. 불경기는 특정 산업의 노동자들에게 타격을 줄 수 있다. 예를 들어 제조업은 수십 년 동안 약세를 보였다. 일자리는 해외로 나갔고 아웃소싱으로 이루어졌으며 기계가 사람을 대체했다. 제조업 종사자라면 아마도 한동안 아웃소싱과 자동화로 인해 재정적 어려움을 겪고 있을 것

48

이다.

실직하지 않았더라도 일자리를 잃는 데 대한 두려움이 있을 것이다. 오늘날 '만물인터넷$^{Internet\ of\ Everything}$(사물과 사람, 데이터, 프로세스 등 연결 가능한 모든 것이 인터넷에 연결돼 상호작용하는 것-옮긴이)'에 대한 얘기가 나오지만 몇 년 후면 '만물 자동화$^{Automation\ of\ Everything}$'가 언급될 것이다. 톨게이트와 계산대에서 직원으로 일하고 있다면 머지않은 기계화에 주의하라. 높은 임금, 보험료, 산재 지급료가 걸린 위험한 산업 환경에서 일하고 있다면 역시 조심하라. 기계화의 물결이 몰려오고 있다.

2. 불황은 특정 산업을 강타할 수 있다

2000~2001년에는 기술 분야가 그랬다. 닷컴 버블이 꺼지자 기술 산업 종사자들은 휘청거렸다. 2007~2009년에는 주택 시장이 그랬다. 2014~2016년 산업과 중국 제조업이 불황을 겪을 때는 석유 값이 1년 만에 절반 이상으로 떨어졌다.

자동차 소유주들에게는 좋은 소식이었지만 석유 산업에 종사하는 수백만 미국인에게는 나쁜 소식이었다. 특정 분야의 타격은 특정 지역과 겹치기도 한다. 예를 들어 금융위기가 지나고 텍사스^{Texas}와 휴스턴^{Houston} 지역의 실업률은 전국적인 수준보다 더 빠르게 개선됐다. 유가가 견고했기 때문이다.

현재 미국 경제 전체에 비해 텍사스와 휴스턴의 전망은 어둡다. 석유 연료 수요가 심각한 타격을 입으면서 미국의 석유와 가스 부문이다시 한 번 불황에 빠졌기 때문이다. 게다가 관광과 여행 산업은 상당한 위험 요소를 안고 있다. 올란도Orlando, 라스베이거스Las Vegas, 하와이Hawaii, 뉴올리언스New Orleans와 같이 특정 관광 산업이 중심을 이루는 곳은 경제적으로 취약하다.

그리고 현재의 불황 속에서 서비스업과 주택에 위험이 있다. 다만 위험의 정도가 얼마나 클지는 두고 봐야 하겠다.

3. 불경기는 특정 기업을 강타할 수 있다

그 완벽한 예시가 블록버스터 비디오Blockbuster Video(미국의 홈비디오 및 비디오 게임 대여 서비스 기업-옮긴이)라 할 수 있다. 무슨 일이 있었는지는 아마 잘 알고 있으리라 생각한다. 블록버스터는 꾸준히 추락했고 완전히 폭락하더니 비즈니스 실패의 교과서적 예시가 되었다.

넷플릭스Netflix와 같은 스트리밍 서비스가 혜성처럼 등장했음에도 블록버스터는 오프라인 방식의 구멍가게 비디오 대여 비즈니스 모델에 매달렸고, 결과는 좋지 못했다. 만일 당신이 블록버스터의 직원이라면 다우존스Dow Jones(미국 증권 시장의 동향-옮긴이) 지수나 경제 전반의 지표는 그다지 중요하지 않다. 당신에게 중요한 사실이 있다면 그것은 바로 한 회사가 불황으로 인해 정밀 타격을 입을 수 있다는 것이다.

생각해 보자. 블록버스터에서 해고된 이들 중에 누군가는 마지막 차례였을 것이다. 즉, 누군가는 맨 마지막에 해고됐을 것이다. 당신만큼은 그 마지막이 되지 않길 바란다.

어째서 특정 기업과 업종이 상대적으로 잘되는 것일까?

여기 명심해야 할 몇 가지 사실이 있다. 불황이 닥치면 사람들의 주머니 사정이 나빠진다. 돈이 줄어들면 어떤 물품을 계속 사겠는가? 분명 식료품일 것이다. 결과적으로 불황기에 농업 지역과 식료품점은 건재하다. 그럼 어디서 구매를 줄이겠는가?

아무래도 디즈니 월드로 호화로운 가족 휴가를 떠나는 것에 대해 다시 생각해 보지 않을까? 자연스레 플로리다^{Florida}와 같이 관광 산업에 의존적인 지역이나 레저 및 관광, 숙박, 레스토랑 등의 산업은 심각한 타격을 입을 것이다. 식료품을 사는 대신 바하마^{Bahamas}로 여행을 떠나진 않을 테니 말이다.

다양한 업종에서 나타나는 경기 순환의 상승과 하락을 설명하는 멋진 용어가 있다. 대부분의 업종과 비즈니스는 경제 상황이 좋을 때 잘 풀린다! 이것을 경기순응적^{procyclical} 비즈니스라 부른다. 관광 및 레저와 같이 일부 업종들은 매우 경기 순응적인 양상을 보인다. 그리고 경제가 성장할 때 큰 호황을 맞지만 불경기가 닥치면 이러한 업종들은 큰 불황을 맞는다.

경기순응적 비즈니스와는 대조적으로 일부 업종은 마치 악기나 불량식품처럼 불황기에 더 잘된다. 이 같은 업계를 경기역행적^{counter-cyclical}이라 부른다.

끝으로 주요 식료품과 같이 경기 순환의 영향을 받지 않는 항상 잘되는 일부 업계를 두고 경기비순행적^{acyclical}이라고 부른다. 여기서 중요한 점은 화려한 학술 용어가 아니라 불황이 비즈니스와 업계에 제각기 다르게 영향을 미친다는 점이다.

연습 #1 : 내 통제를 넘어선 영향력

1년 사이 직장을 잃게 만들 수도 있는, 내 통제 밖의 영향력을 가진 것을 10가지 나열해 보라.

1.
....
2.
....
3.
....
4.
....
5.
....
6.
....
7.
....
8.
....
9.
....
10.
....

불황은 거대한 하나의 문제라기보다는 사소한 문제들이 많다. 개인적으로 겪는 문제는 이 사소한 문제들이다. 불황은 특정한 가정 혹은 특정한 한 개인에게 타격을 줄 수 있다. 살면서 한두 번씩은 개인

적으로 불황을 겪은 적이 있을 것이다. 세계적 불황, 국가적 불황 혹은 앞서 언급한 지역, 도시, 산업, 부문, 기업 등의 구체적인 수준의 불황이 될 수도 있다.

어떤 형태의 불황이든 정서적 경험은 비슷하다. 직장을 잃을까 봐 걱정되어 마음 편히 쉬지 못하고 매일 불안하다. 정리 해고된 동료들의 빈자리를 메우느라 업무량이 이전보다 두세 배가 많아지지만 동시에 임금 삭감에 시달릴 수도 있다. 그렇다고 손쓸 수 있는 일은 없다. 불평불만을 쏟아내면 내 발등을 내가 찍는 셈이 되니까.

스트레스 지수가 올라가고 자녀들과 보낼 시간이 줄어들 것이다. 수입을 걱정하게 되니 대출금 상환과 자녀교육비에 대한 부담이 크게 느껴질 것이다. 심지어 식탁에 올리는 먹거리를 두고도 걱정할 수 있다.

일자리를 잃으면 모든 게 점점 더 나빠진다. 불황은 정신 건강뿐 아니라 신체 건강에도 큰 타격을 주어 거대한 사상자를 남긴다. 최근 기사에서 하버드대학과 스탠퍼드대학 교수들의 연구에 따르면 실직을 걱정하는 이들의 건강이 좋지 않을 가능성은 50퍼센트가 더 높다고 한다. 또한 장시간 일하면 질병에 걸릴 확률이 35퍼센트 더 높아지고, 사망 확률 역시 20퍼센트 더 높다는 사실이 밝혀졌다.

개인적으로 경험하는 불황이 휴가나 근사한 저녁 식사를 줄이는 수준에서 가볍게 나타날 수도 있고 집을 잃는 것만큼 파괴적인 결과가 될 수도 있다. 크든 작든 불황은 두렵고 스트레스가 많은 일이다. 선택의 여지가 없는 것처럼 느껴진다. 세상이 무너지는 것 같다. 힘든 씨름을 하는 사람이 자기 혼자뿐이라고 느껴진다.

경제적 성공을 크게 강조하는 미국인들에게는 특히나 수치스럽게 느껴질 수 있다. 커리어가 실패할 때 자존감 또한 나락으로 떨어질 수 있다. 불황 때문에 찾아오는 정서적 위기를 이야기하려는 것이 아니다. 심리학적 부분은 내 전공이 아니다. 그래도 조언을 덧붙이면, 어머니께서 여러 차례 내게 한 말인데 "자신에게 관대해져라."이다. 불황 속에서 자신에게 관대해진다는 것은 지금의 이 어려움을 많은 이들이 같이 겪고 있다는 사실을 마음으로 받아들이라는 것을 말한다. 절대 혼자가 아니다. 자신의 잘못이 아니다. 그리고 단언컨대 문제를 해결할 방도가 있다.

다가오는 불황을 감지하는 법

TV에서 전문가들이 나와 계속해서 '경제'에 대해 떠든다. 하지만 그게 대체 무슨 말이냐 하는 것이다. '경제'라고 하면 추상적이고 비현실적이며 꾸며낸 것이라고 느낄 수 있다. 사실 경제는 매우 현실적이며 실질적으로 도움을 주거나 피해를 줄 수 있다. 그래서 경제의 원리를 기본적으로 이해하는 것은 책임 있는 성인으로서 필수적이다. 최근 한 조사에 따르면 여성과 남성 모두 인생에서 가장 이루고 싶은 것이 경제적 안정이라고 말한다. 이는 기본적인 경제 지식 없이는 이룰 수 없다.

경제를 이해하려고 할 때 많은 이들에게 '분석 마비^{analysis paralysis}'

가 찾아온다. 경제는 숫자와 데이터가 뒤섞여 있어, 깊이 파고들수록 우리는 더 압도당하고 분별력도 떨어진다. 하지만 데이터에서 무엇이 가장 중요한지 아는 것은 그리 어렵지 않다. 사실 누구나 할 수 있다. 인터넷만 연결돼 있고 어디를 봐야 할지 알려주는 약간의 전문적 지침만 있으면 된다. 잡음은 무시해라. 경기 침체를 예측하기 위해 정말 주목해야 할 수치는 다음과 같다.

1. ISM 제조업 지수가 50 미만이라면

ISM은 'Institute of Supply Management'의 줄임말로, 공급관리협회를 뜻한다. ISM은 구매관리자, 즉 미국 기업 내에서 구매를 담당하는 이들이 무엇을 구매하는지 그리고 이들이 구매에 얼마나 확신을 갖는지를 면밀히 살피는 중요한 단체이다. ISM의 제조업 지수는 제조업 분야에서 그 같은 정서를 보여 준다. 간단히 말해 미국의 제조업이 얼마나 좋은 성과를 내고 있는지를 보여 주는 숫자이다. 현재 제조업은 불과 13퍼센트밖에 안 되는 미국 경제의 작은 부분을 차지하고 있다.

그럼에도 중요한 사실이 한 가지 있다. 제조업 분야가 미국 경제 전체의 성장을 이끌고 있다는 점이다. 다시 말해 미국의 제조업 분야가 위축되고 불황에 빠진다면 미국 경제 전체가 뒤처진다는 것을 뜻한다. 도표 2-2의 ISM 제조업 지수 추세를 보면 이를 증명한다는 것을 알 수 있다.

지난 65년간 ISM 제조업 지수가 역사적으로 어떻게 변해 왔는지를 보면, 50선 이하로 떨어지면 미국 불황의 전조를 알리는 것이며, 40선 이하로까지 떨어지면 경기 침체가 진행 중이라는 보증 수표가 된다는 것을 알 수 있다. 다음번에 찾아오는 불황의 시점을 예측하려면 ISM 제조업 지수를 보아야 한다.

ISM 제조업 지수는 현존하는 가장 중요한 지표이다.

다른 지표는 무시한다고 해도 이것이야말로 꼭 살펴봐야 할 지표다. 자료는 www.instituteforsupplymanagement.org 이곳에서 무료로 찾을 수 있다.

<도표 2-2> ISM 제조업 지수

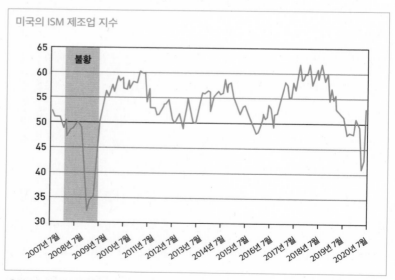

출처: Markit, ISM, 프레스티지 이코노믹스

지수가 변동될 때마다 확인할 수 있도록 구글 알람을 설정해 두길 바란다. 지수를 읽고 이해하는 것은 간단하다. ISM 제조업 지수는 백분율로 표시되는 단일 숫자다. 50선은 분기점으로서 제조업 분야가 성장하지도 위축되지도 않는 정확한 기준점이 된다. 만일 지수가 50선을 넘기면 제조업 분야는 성장하고, 50선 밑으로 떨어지면 위축된다.

제조업 분야에 변동이 일어나면 나머지 경제도 따라 영향을 받는다. 따라서 이 수치가 50선을 향해 서서히 움직이거나 급락한다면 제조업은 활동을 서서히 멈추기 시작해 불황에 가까워짐을 알 수 있다. 예를 들어 2020년 3월까지 ISM 지수는 8개월 가운데 6개월간 50선 아래였다.

이것은 무엇을 의미할까? 미국의 제조업 산업이 상당히 둔화하고 있으며 이미 위축되고 있음을 말해 준다. 이는 곧 미국 경제 전반이 머지않아 불황의 전철을 밟게 될 가능성이 있다는 것이다.

왜 이 ISM 지수가 중요할까? 무엇보다 정서^{sentiment} 즉, 기업의 구매 담당자가 구매의 리스크를 감수하는 데에 있어서 어떻게 느끼는지를 측정하기 때문에 중요하다.

이쯤에서 왜 정서에 관심을 가져야 하는지, 왜 이들이 느끼는 일에 관심을 가져야 하는지 물을지도 모르겠다. 그것은 이들이 결정권자로서 자재의 흐름을 보고 제조업과 경제 전반에 앞으로 어떤 일이 일어날 것인지를 알기 때문이다. 이들은 가장 먼저 침체가 오는 것을 보고 느낀다. 기업이 경제 상황을 우려한다면 사업을 확장할 위험을 감수하지 않을 것이다. 이들은 기업 규모를 줄이고 자세를 낮출것이다. 그렇게 되면 성장도 고용도 멈춘다.

만일 많은 기업들이 이같이 한다면 어떻게 되겠는가? 사람들은 직장을 구하지 못하고 기업은 수익을 내지 못할 것이다. 한마디로 불황이 오는 것이다. 그렇기에 이들이 느끼는 바가 정말 중요하다.

만일 한 단계 높은 전략을 취하고 싶다면 베이지북$^{Beige\ Book}$의 변동을 계속 따라가면 된다. 베이지북은 '연준', 즉 연방준비제도이사회가 발간하는 자료를 말한다. 경영진, 경제학자, 다양한 비즈니스 전문가들이 현 비즈니스 상황과 향후 비즈니스의 방향에 대해 얼마나 낙관적으로 생각하는지를 알려 주는 그들의 활동 정보와 함께 정서에 기반한 자료가 담겨 있다.

이 같은 정보들을 추출해 보고서로 문서화하면 누구든지 볼 수 있다. 깔끔하고 보기 쉬운 지표 형태는 아니라 할지라도 '정서'를 보여 주는 훌륭한 정보가 된다. 연준 홈페이지 http://www.federalreserve.gov/monetarypolicy/beigebook/에서 연준 베이지북 보고서를 참고하라.

지인 중에 아주 연륜이 있는 CIA 직원이 있다. 그는 "일화^{anecdote}의 복수형이 데이터^{date}다."라는 말을 즐겨 한다. 전적으로 맞는 말이다. 정서를 나타내는 지표가 보여 주는 것이 바로 그것이며, 이는 다시 말해 서로 다른 회사들이 비즈니스에서 얼마나 낙관적인가 하는 수천 개의 이야기를 모아둔 것이다.

이 같은 이야기들을 서로 모아 보면 경제 상황에 대한 아주 강력한 데이터를 얻을 수 있다. 인터넷에 접속하기만 하면 미국에서 가장 영향력 있는 사업가들을 엿볼 수 있다는 것은 놀라운 일이다.

2. 연준이 금리를 인하한다면

연방준비제도는 미국의 중앙은행에 해당한다. 연준의 기본적인 업무는 경제의 상하 움직임인 경기 순환을 고르게 만드는 것이다. 경기 순환을 없앨 수는 없지만 고점에 너무 치닫지 않도록, 너무 저점으로 빠지지 않도록 조정한다.

어떻게 그 일을 할까? 금리를 조정하는 것이다. 이자율은 '돈의 가격'이라고 이해할 수 있다. 투자를 위한 자금을 얻고자 할 때, 즉 대출을 받을 때 내야 하는 돈의 양이다.

금리가 낮을 때 돈은 싸다. 그래서 사람들은 사업을 시작하거나 주식 시장에 투자하거나 집을 사기 위해 돈을 빌리고 싶어 한다. 금리가 높을 때 돈은 비싸다. 사람들은 돈을 쓰거나 빌리는 것을 경계한다.

이들은 투자한 것이 수익을 낼 것이라고 정말로 확신하지 않으면 대출을 받지 않는다. 쉽게 말해 연준이 하는 일은 경기가 호황을 누릴 때에는 과열을 진정시키고 인플레이션을 막기 위해 금리를 올리고, 경기가 나쁠 때는 열기를 부추기고 투자를 장려해 성장을 유도하기 위해 금리를 낮춘다.

따라서 연준은 기본적으로 다음 불황이 언제 오는지 예측하고 영향을 미치는 일을 한다. 앞으로 어떤 일이 일어날지 알아야 하는 이들이 바로 그들이고, 경제학자들을 고용하여 이를 밝혀낸다. 항상 예측이 맞는 것은 아니지만 성장에 영향을 미치는 중요한 정책들을 만들기에 주의 깊게 살펴볼 필요가 있다.

연준의 조치를 해석하는 것이 그리 어렵진 않다. 연준의 금리 인하를 지켜보는 것이 가장 중요하다. 경제가 성장가도에 있지 않아도 인플레이션을 잡기 위해 금리를 올릴 수 있기 때문이다. 연준의 금리 인하는 경기가 둔화하고 있음을 의미한다.

또 다른 관전 포인트는 연준 성명서라 불리는 연준의 금리 결정을 담은 짧은 서면 보고서이다. 만일 성명서에서 연준이 경제를 두고 우려를 표명한다면 걱정스러운 상황이다. 반대로 성명서에서 연준이 경제에 자신감을 보인다면 우리도 자신감을 가져도 된다. 이것들만 파악하면 된다.

다음의 링크에서 연준의 모든 성명서, 주요 일정, 심지어 분기마다 한 번씩 발표하는 성장률, 물가상승률, 금리 전망까지 소개하고 있는 것을 확인해 보자.

http://www.federalreserve.gov/monetarypolicy/fomccalendars.htm

3. 실업률 상승이 4개월 이상 지속하면

세 번째로 주목해야 할 것은 미국의 실업률이다. 실업률은 삶에 가장 직접적인 영향을 미치는 숫자이다. 개인적으로 불황이란 대개 직업을 잃고 다른 직업을 찾을 수 없을 때 온다. 그래서 일자리를 찾고 있지만 찾을 수 없는 미국 노동자의 비율은 매우 중요한 의미가 있다.

'실업unemployment'이라 하면 '불완전 고용underemployment'이나 '미임금 고용shadow employment', '노동력 참여labor force participation' 등과 개념적으로 세밀한 구분이 필요할 수 있겠지만 여기선 고민을 접어 두자. 전반적인 실업 수치를 보고 추세에 주목해 보자.

실업률 상승이 한 달간 계속된다고 불안해할 필요는 없지만 만일 상승세가 4개월 이상 간다면 나쁜 징조로 보아야 한다. 사실 실업률이 경기 순환을 지연하는 경향이 있어서 절대 바람직하지 않다. 실업률이 크게 상승하기 시작할 때쯤이면 경제 전체가 이미 침체 상태에 빠진 것일 수 있다. 설령 불황이 끝이 나도 노동 시장의 고통은 계속되는 경향이 있으므로 실업률 상승을 일찍이 알아차리는 것이 매우 중요하다.

*한국 경제성장률, 소비자물가상승률, 고용률, 실업률 등을 살펴볼 수 있는 <국가지표체계> 참조

http://www.index.go.kr/unify/main.do?pop=%27y%27

소음을 차단하고 수치에 집중하라

위에서 소개한 세 가지 지표의 숫자들만 살피면 된다. 여타 사소한 경제 지표들을 세세히 살필 필요는 없다. CNBC, 블룸버그Bloomberg, 폭스 비즈니스Fox Business와 같이 TV를 켜기만 하면 나오는 전문가들

61

의 말에 신경 쓰지 않아도 된다. 사실 이들은 작은 일도 크게 부풀려 사람들의 관심을 늘 붙들어 놓으려는 속셈이다.

소음으로부터 귀를 닫아라. 그리고 주요 지표에만 주의를 기울여라. 그처럼 신경을 꺼야 할 지표 중에 GDP가 있다. (차라리 고용 시장이야말로 도움이 될 만한 중요한 정보라 할 수 있다.) GDP란 국가가 생산하는 모든 것의 가치인데 신경을 쓰지 말라는 말이 이상하게 들릴지도 모르겠다. 하지만 GDP는 속 빈 강정일 뿐 유용한 정보가 못된다.

게다가 GDP 수치는 너무 많은 수정을 거쳐야 하기에 데이터가 실제로 가리키는 것보다 6개월은 지난 후에야 발표된다. 너무 늦지 않은가! GDP는 상당히 지난 과거를 보여 주지만 앞서 소개한 세 가지 지표는 좀 더 미래지향적이다. 특히 ISM 제조업 지표가 그렇다.

뒤가 아니라 앞을 내다봐야 한다. 언뜻 경제가 복잡하고 신비로워 보여도 실상 그렇지 않다는 것을 알기를 바란다.

다르게 표현하자면 경제는 매우 복잡하고 신비롭지만, 상상할 수 있는 경제의 구석구석을 수천 명의 고학력 전문가들이 매달려 끊임없이 측정하고 그 가운데 중요한 정보를 취합해 편리한 숫자를 만들고 있다. 그러고는 이 같은 숫자를 필요한 이들에게 공짜로 나눠 준다. 주의 깊게 봐야 할 숫자가 무엇인지만 안다면 다음 불황이 언제 닥칠지 예측하는 데에 경제학자가 따로 필요하지 않다. 각자가 어떻게 이 숫자들을 유용하게 사용할 수 있는지 몇 가지 예를 들어보자.

1. 대학생이라면

만일 대학생이라면 이 숫자들은 어떤 의미가 있으며 어떻게 반응해야 할까? 먼저 불행한 소식 한 가지가 있다. 불황이 닥치면 가장 큰 피해를 보는 것이 바로 대학생들이라는 점이다. 바위는 산비탈을 굴러 이들을 덮칠 것이다. 이것을 피하기 위해서는 졸업과 함께 직장을 잡아야 한다.

이건 믿을 수 없을 정도로 중요한 일이다. 졸업이 직장 생활로 이어지지 않는다면, 그러니까 좋은 일자리 기회가 생기길 기다리며 그저 먹고살기 위해 저임금 일자리로 시작한다면 지금 당장 스스로에 대한 기회의 문을 좁힐 뿐만 아니라 이후 남은 평생 찾아올 기회의 문을 좁히는 일이 된다. '실업 흉터unemployment scarring'라 불리는 너무나 안타까운 현상이 있다. 젊었을 때 저임금 일자리를 갖는 것이 이후 커리어 전체의 임금 수준을 낮추는 것을 가리킨다. 출발점이 낮다면 매년 임금이 인상되더라도 보수가 좋은 직장에서 받을 수 있는 임금보다 훨씬 적은 돈을 받는다. 실업의 기간이 길어질수록 흉터는 더 깊어지는 법이다.

> "취업이 주는 보상은 실업으로 인한 초기 피해에 비하면 훨씬 적다. 이는 실업의 여파가 오래도록 남아 재취업도 완전히 바로잡지 못할 흉터가 되는 것을 말한다."
> -크리스토발 영Cristobal Young, 스탠퍼드대학

63

"실업은 젊은이들에게 개인적으로 큰 고통을 줄 수 있다. 첫 직장을 구하지 못하거나 오래 유지하지 못하면 생활과 직업 전망에 장기적인 영향을 줄 수 있다."

-하난 모르시Hanan Morsy, 국제통화기금

"따라서 불황을 개인 혹은 가족을 2, 3년 동안 압박하는 일회성 사건으로 생각해서는 안 된다. 오히려 경기 침체는 아이들을 포함해 가족 전체의 미래에 영향을 미친다. 그리고 이후 수년간 그 결과를 맛봐야 할 것이다."

-존 아이언스John Irons, 경제정책연구소

도표 2-3은 실업 및 실업 흉터가 미래 소득에 미치는 영향을 보여준다. 그러니 반드시 졸업은 직장으로 이어져야 한다. 어떻게 그렇게 할 수 있느냐고? 글쎄, 한 가지 방법은 적당한 해에 잘 태어나는 것이다. 불행하게도 언제 태어날지는 아무도 정하지 못한다. 그러니 대단한 전략은 못된다. 만일 적당한 해에 잘 태어나지 않았다면 적어도 적당한 해에 졸업하는 것이다. 그러기 위해선 경기 순환 주기 중 자신이 어디에 있는지 알아야 한다.

앞서 소개한 숫자들을 살펴보자. ISM 제조업 지수가 50선 아래로 떨어지려고 하거나 이미 떨어졌는가? 연준이 금리를 낮추기 시작했는가? 실업률이 오르고 있는가? 그렇다면 지금은 졸업할 때가 아니

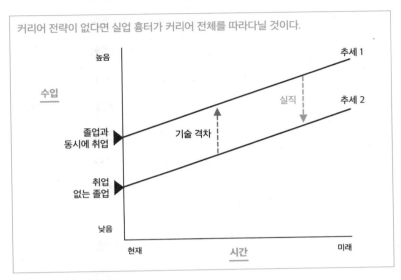

<도표 2-3> 실업 흉터

> 커리어 전략이 없다면 실업 흉터가 커리어 전체를 따라다닐 것이다.

출처: 『불황에서 자유롭기』

다! 사회학 석사를 따거나 MBA를 공부하거나 대학에서 5학년을 보내어 고학번이 되어라.

충분히 기다려라. 경기가 좋아지기 시작한다면 그때가 졸업과 함께 직장에 들어갈 적기이다. 보다 낙관적으로 말하자면 ISM 제조업 지수가 50 이상으로 상승하고 있는가? 연준이 완만하게 금리를 올리기 시작했나? 실업률이 떨어지고 있는가? 졸업할 때가 왔다.

가능한 한 빨리 학위 과정을 마치고, 대학원에는 가지 마라. 내가 했던 두 번째로 바보 같았던 생각은 하지 않기를 바란다. 도망칠 수 있을 때 바로 직장을 구하라. 경기가 좋다면 졸업하기 몇 개월 전에 미리 직장을 준비해 두는 것이 훨씬 더 좋은 전략이 될 것이다. 시간이 지나면 다시 경기는 순환한다.

가능한 한 빨리 직장에 안착하여 위험 요인을 치워 버리기 바란다. 혹시 이러한 조언을 듣기에 스스로 너무 늦었다고 생각하는가? 만약 이미 경제가 침체한 후에 이 책을 읽었거나, 경제가 죽을 쑤는 시기에 막 졸업했다면, 그리고 다른 많은 또래처럼 실업 상태로 부모님과 함께 살고 있다고 해도 아직 포기하기엔 이르다! 가능한 한 빨리 일자리를 구하라. 실업 기간이 길어질수록 실업 흉터는 더 깊어지기 때문이다. 경기가 나쁜 상황에서 일자리를 구하려면 배고파야 한다.

도표 2-4에 찍힌 점이 되는 것을 피하기 위해 어떤 교육 기회, 프로그램 또는 학위가 필요한지 알아야 한다.

<도표 2-4> 부모님 밑에서 지내는 청년층

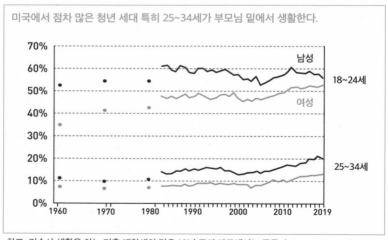

참고: 기숙사 생활을 하는 미혼 대학생의 경우 10년 주기 자료에서는 공동 숙소.
　　　거주로 포함된 반면 현 인구 조사 자료에서는 부모님의 집에서 생활하는 것으로 포함됐다.
출처: 1960~1980년대는 10년 주기 자료로 미국 인구조사국Census Bureau.
　　　1983~2019년까지의 현 인구 조사 자료는 연례사회경제부록.

2. 학생인 자녀를 둔 중간 단계 전문직 종사자라면

할 일이 정말 많은 시기다. 자신에게 의지하는 일들이 많을 것이다. 다음의 숫자를 보자. 연준이 경제에 제동을 걸고 있는가? 제조업 지수가 고전을 면치 못하는가? 다가오는 불황의 희생양이 되고 싶지는 않을 것이다.

대안이 될 계획을 세워 두길 바란다. 직장을 구하기 위해 지금 당장 전화를 걸 5~10명 정도는 알고 있어야 한다. 도움을 줄 5~10명 정도의 사람을 단축 번호로 저장하지 못한다면 큰일이다. 불황은 고스란히 자신과 가족을 덮칠 것이다.

연습 #2 : 교육의 기회를 쌓아라

기술을 쌓을 수 있는 교육의 기회를 5~10개 정도 아래에 나열해 보고 불황을 맞이하라.

1.
....

2.
....

3.
....

4.
....

5.
....

6.
....

7.
....

8.
....
9.
....
10.
....

이력서를 항상 업데이트하고 준비해 둔다. 준비가 되어 있지 않으면 발목이 잡힐 수 있다. 언제든지 다음 직장에 뛰어들 준비가 되어 있어야 한다. 링크드인LinkedIn을 적극 활용하라. 계속해서 연수를 받고 신기술에 뒤처지지 않아야 한다. 사람들을 만나고 회사 밖의 네트워크를 쌓아라.

이러한 노력은 항상 필요하겠지만 만일 ISM 제조업 지수가 50선 미만으로 떨어지면 지금 당장 신경 써야 한다. 이 책을 내려놓고 전화기를 집어 들라. 경기 침체기에 누가 직장을 제공해 줄 수 있는지 알아 두어야 한다. 그래야 자신과 가족들이 고통의 시간을 피할 수 있다.

도움을 줄 사람들의 목록이 필요하다. 이들이 주변에 없다면 지금 가장 우선순위로 삼고 도움받을 수 있는 사람들을 찾아야 한다.

3. 현장 노동자라면

설령 ISM 제조업 지수가 긍정적이고 연준이 경제 전망을 확신하더라도 실업자 수가 증가하고 있다면 이는 나쁜 소식이다. 자동화의 물

68

결이 다가오고 있다.

기업이 잘나가고 성장하더라도 자동화가 진전되면 일자리는 어쩔 수 없이 감소한다. 다시 말해 매우, 매우, 매우, 매우, 매우, 매우 가능성이 희박하겠지만 다시는 불황을 겪지 않는다고 해도 일자리는 계속해서 치명적인 위험에 처해 있다. 기계가 지금 현장 노동자의 일자리를 노리고 있기 때문이다.

연습 #3 : 네트워크를 쌓아라

일자리를 위해 지금 당장 전화할 수 있는 5~10명의 사람들을 적어 보라.

1.
....

2.
....

3.
....

4.
....

5.
....

6.
....

7.
....

8.
....

9.
....

10.
....

다음은 인간이 기계로 대체될 수 있는 예시다.

- 공장 라인에서 물건 쌓기
- 창고 주변 자재 옮기기
- 호텔 예약, 렌터카 및 음식 배달
- 패스트푸드점에서 주문받기
- 식료품점 계산대

난 종업원 없이 주문을 받는 레스토랑을 이용해 본 경험이 있다. 주문은 아이패드를 통해 이뤄졌다. 아마존은 날아다니는 드론으로 물건을 배송하는 아이디어를 구상하고 있다. 구글을 포함한 다른 회사들은 향후 10년 안에 택시 운전사와 트럭 운전사들을 대체할 자율주행차를 개발하고 있다.

기업이 기본적으로 자동화를 추진하는 이유는 단순하다. 기계, 컴퓨터, 로봇 등은 사람보다 적은 돈으로 많은 육체노동을 할 수 있다. 인간과 달리 건강관리가 필요하지 않으며 초과 근무로 인한 수당이 필요하지 않다. 점심시간도 없다. 업무로 인한 부상의 위험도 없기에 산재 보상금을 지급할 상황이 생기지 않는다. 노조를 결성하지 않으며 파업에 나설 리도 없다.

자율주행 운송 트럭을 상상해 보라. 수면, 목욕, 식사 시간도 없이 하루 24시간을 운전할 수 있다. 사람이 운전할 때보다 절반 혹은 그보다 짧은 시간 안에 국토를 횡단할 것이다. 이는 실제적인 위협이다. 그렇지만 몇 가지 선택지가 있다. 자동화에 덜 취약한 산업으로 전환할 수 있다. 공감 능력, 대인 기술, 고객 응대 기술 또는 창의적인 문제 해결 등과 관련된 일자리들은 자동화를 피해 갈 가능성이 있다.

이 같은 '소프트 스킬soft skill'을 갖고 있다면 사용하라. 그렇지 못하다면 갖기를 바란다. 가급적 빨리.

교육에 투자해 볼 수 있다. 기계를 두려워하지 말고 기계를 이해하라. 기계를 작동하는 일에 대한 연수를 받아라. 기계를 유지, 제어, 설치하는 사람이 된다면 자동화의 위협을 피할 수 있다. 오히려 도움이 될 것이다.

공장 라인에서 일하고 있다면 다른 업무들도 함께 생각하며 연수를 받길 바란다. 공장 라인을 돌리는 기계를 가동하는 컴퓨터를 다룰 줄 아는 사람이 되는 것 말이다. 공장 라인을 가동하는 기계를 다룰 줄 모른다면 직업을 잃는 건 시간문제다. 만일 지표의 숫자들이 불황을 예고한다면 하루아침에 직장을 잃을 수 있다. 한 단계 기술을 끌어올릴 시간이 되었다.

미국 제조업에서의 전체 일자리는 1970년대 후반 이래로 계속 감소하고 있다. 불황일 때는 실업이 빠르게 증가하는 데 비해 호황기가 되어도 별달리 회복을 보이지 않는다.

자동화가 진행되고 기계가 인력을 대거 대체하면서 제조업의 이런 하향 추세는 더욱 가파르게 진행될 것으로 보인다. 기술력을 쉽고 빠르게 구축하는 법을 익혀야 한다.

연습 #4 : 선택지를 쌓아라

직장에서 여러 직무를 연관시켜 함께 연수를 받거나 직접 혹은 온라인 수업을 통해 배우고 싶은 관심 분야를 10가지 정도 적어 보자.

1.
....

2.
....

3.
....

4.
....

5.
....

6.
....

7.
....

8.
....

9.
....

10.
....

불황에 맞서는 커리어 전략

1. 불황은 다양한 형태로 찾아오는 만큼 연준의 성명서, 실업률, 가장 중요하게는 ISM 제조업 지수에 관심을 가져라. 언제 불황이 닥칠지 가늠할 수 있다. 경제와 일자리 시장의 상태를 알 수 있다.
2. 불황이 찾아오면 도움을 요청할 이들이 필요하다. 우리의 목표는 선택지를 갖는 것이다.

3장

그래도 선택지는 있다

내게 주어진 선택지를 아는 것, 그것이 무엇보다 중요하다. 그럼 이제 불황에 취할 수 있는 여섯 가지 기본 체스 동작, 즉 SWOT 분석이 선택하는데 도움을 줄 여섯 가지 전략을 알아보자.

어떤 이들은 불황이 닥치면 어쩔 수 없다고 말한다. 운이 좋아서 잘되든지, 운이 나빠서 고통을 받든지 둘 중 어느 쪽이든 간에 통제 밖의 일이라는 것이다. 하지만 여기 흥미로운 사실이 하나 있다. 질문을 바꿔 "글쎄, 다가오는 불황에 기업은 무엇을 할 수 있나?"라고 묻는다면 몇 가지 대답을 늘어놓을지도 모른다. 규모를 줄이고, 브랜드 이미지를 개선하고, 가게를 이전하라 같은 말들 말이다.

내가 묻고 싶은 것은 바로 이 점이다. 만일 기업이 선택지를 갖는다면 왜 우리는 그렇게 하지 못한다는 것인가?

사실 우리에게도 선택지가 있다. 그리고 이러한 선택지는 근본적으로 기업의 선택지와 비슷하다. 자기 자신을 기업이라고 생각해 보자.

따지고 보면 우리에게 수입(소득), 투자자(부모), 자산(집, 자동차, 수집한 레코드판), 간접비(모든 생활비), 인적 자원(교육과 기술), 그리고 가치를 전달해야 하는 가장 중요한 주주(배우자, 자녀, 자기 자신)가 있다. 따라서 기업이 자신의 상황을 이해하기 위해 사용하는 동일한 도구를 스스로에게도 적용해 볼 수 있다.

연습 #5 : SWOT 분석

SWOT 분석은 기업, 임원, MBA들이 어려운 상황을 어떻게 다룰지 고민할 때 사용하는 도구다. SWOT는 강점, 약점, 기회, 위협을 의미한다. 크고 작은 기업과 심지어 정부 기관, 자선단체에 이르기까지 표준화된 분석 방법이 되었다. 이 모든 조직이 SWOT 분석을 사용하는 이유는 어떤 상황을 두고 좋은 것과 나쁜 것을 종합적으로 볼 수 있기 때문이다. SWOT 분석의 가장 좋은 점이라면 균형 잡힌 시각을 준다는 데에 있다.

여기에는 특정 상황에서의 긍정적인 측면(강점, 기회)과 부정적인 측면(약점, 위협)이 모두 포함된다. 마찬가지로, 내부 요인(강점, 약점)과 외부 요인(기회, 위협) 모두를 포함한다. 이처럼 균형 잡힌 시각을 통해 처음에는 생각하지 못했던 상황을 잘 드러나게 한다.

개인에게 장단점이 될 수 있는 한 가지가 있는데, 안정적인 직업을 가진 배우자를 갖는 것이다. 배우자의 수입에 의존해 창업에 도전할 수 있으므로 강점이 된다(8장 참조). 하지만 또한 약점이기도 하다. 새로운 직장이 있는 곳으로 옮기기 어렵기 때문이다(7장 참조).

기업의 SWOT 분석은 객관적이고 냉철하게 이루어진다.

개인의 SWOT 분석은 매우 주관적이지만 가능한 한 객관적이고 자신에게 솔직해지려고 노력할 때 효과가 가장 좋다. 아무리 부정적이더라도 상황을 있는 그대로 보면 좀 더 성공으로 나아갈 수 있다. 자기 자신이라는 기업을 SWOT 분석해 보자. 여기서 핵심은 현재 자신의 위치뿐만 아니라 5년, 10년, 20년 후에 희망하는 위치까지도 생각해 보는 것이다. SWOT의 글자별로 하나씩 살펴보자.

SStrength: 강점

"자신의 가장 큰 강점은 무엇입니까?" 취업 면접에서 항상 받는 질문이다. 자격증이나 기술 역량과 같은 '하드 스킬hard skill'은 분명 중요하다. 한번 나열해 보자. 그러나 소프트 스킬 역시 중요하다는 사실을 잊지 말아야 한다. 소프트 스킬에는 팀워크 능력, 잠재적 고객의 마음을 사로잡는 능력, 관계를 편하게 만드는 능력, 경청을 잘하는 능력, 사람의 마음을 잘 읽는 능력 등이 포함된다. 그뿐만 아니라 강점에는 집안의 재정 상황도 포함된다.

예를 들어 안정적인 수입이 있는 배우자가 있는 것은 강점이 될 수 있다. 만일 미혼이거나 배우자가 여행을 좋아한다거나, 이사를 해도 또래 관계에 지장이 없는 어린 자녀가 있다면 새로운 도시로 이사할 좋은 기회가 된다.

커리어에 중요한 개인 혹은 직업상 강점 5가지를 나열해 보자.

강점

1.
....
2.
....
3.
....
4.
....
5.
....

W Weakness: 약점

"자신의 가장 큰 약점은 무엇입니까?" 하는 질문은 취업 면접에서 항상 받는 또 다른 질문이다. 면접에서 "저의 가장 큰 약점은 일을 너무 열심히 하는 것입니다."와 같이 돌려 칭찬하는 말로 대답하고 싶겠지만 지금은 면접을 보는 자리가 아니므로 최대한 솔직해지는 것이 좋다.

서툰 점은 무엇인가? 수백 명 앞에서 발표한다는 생각만으로도 무릎이 떨리진 않는가? 수학과 컴퓨터에 자질이 없는가? 자신의 약점을 나열해 보자.

커리어에 부정적 영향을 끼치는 개인 혹은 직업상 약점 5가지를 나열해
보자.

약점

1.
....
2.
....
3.
....
4.
....
5.
....

O Opportunities: 기회

지금 주목받고 있는 업종, 지역, 국가가 있는가? 지금 직장에서 이용할 수
있는 교육 기회가 있는가? 지원금을 받으며 학교에 남아 심화 과정을 밟고
기술을 쌓을 수는 없는가?
외부 환경 중에서 커리어에 도움이 될 수 있는 5가지 기회 요인을 나열해
보자.

기회

1.
....
2.
....
3.
....

4.

....

5.

....

Threats: 위협

2장의 <연습 #1>로 돌아가 생각해 보자. 아무도 모르게 불쑥 찾아와 일자리를 사라지게 할 요인은 없을까? 국가적 불경기가 다가오고 있진 않은가? 살고 있는 시·도 지역의 경제 상황이 나쁘진 않은가? 호텔처럼 불황에 취약한 업종에 종사하고 있는가? 혹시 맡은 직무가 베트남에서는 훨씬 더 흔하고 버지니아Virginia에서는 그렇지 못한 것은 아닌가? 직장 상사가 싫어하는 직원은 아닌가? 자신이 속한 직장이나 경쟁사에서 로봇이 일하고 있진 않은가? 이 모든 것들이 위협 요인이다. 외부 환경 중에서 커리어에 해가 될 수 있는 5가지 위협 요인을 나열해 보자.

위협

1.

....

2.

....

3.

....

4.

....

5.

....

2001년 나의 SWOT 분석

한 가지 예시를 들어보겠다.

아래는 2001년에 내가 한 SWOT 분석이다. 당시 나는 독일어 석사 학위를 마친 직후였는데 학교를 나와 보니 현실에서는 '슈메틀링 Schmetterling'이란 단어의 소유격 형태에 대해 아는지, 중세 독일 문학을 원문으로 읽을 수 있는지는 아무도 신경 쓰지 않는다는 것을 알게 됐다.

내가 그랬듯이 대학원에서 2년을 보내고 바보처럼 최악의 경제 상황에서 취업 시장에 뛰어들었다면 특히나 나와 같을 수 있겠다.

\<도표 3-1\> 2001년 나의 SWOT 분석

	긍정적 요인	부정적 요인
내부 요인	강점(Strength) -석사 학위 -유창한 독일어 -경제학에 대한 흥미와 좋은 성적 -또 다른 학위를 취득하고 싶은 열의 -이동의 자유로움(배우자, 자녀 없음)	약점(Weakness) -부족한 전문 능력 -협소한 전문가 네트워크 -업계보다는 학계와 접점
외부 요인	기회(Opportunities) -박사 학위 취득을 위해 대학원에 남아 있음	위협(Threats) -2001년 불황

예쁜 그림이 아니었다. 하지만 SWOT 분석의 틀을 통해 보면 부정적인 면뿐 아니라 긍정적인 면도 볼 수 있다. 장점을 살려 기회를 만들고 나쁜 상황에서 빠져나올 수 있다. 나는 유창한 독일어 실력, 좋은 성적, 경제학에 관한 관심, 자리를 옮겨 또 다른 석사 학위를 따도

괜찮을 만한 여력이 있었다. 이번에는 독일어로 오스트리아 경제에 관한 연구를 하면서 응용경제학 석사 학위를 땄다. 자세한 얘기는 여기서 하지 않겠지만 요점은 SWOT 연습을 거치면 자신의 선택지가 어디에 있는지 알 수 있다는 것이다. 내 경험에 비추어 볼 때 강점과 기회는 앞으로 나아갈 열쇠를 쥐고 있다. 내가 그랬듯 답들을 모두 테이블에 올리면 좀 더 분명해질 것이다.

내게 주어진 선택지를 아는 것, 그것이 무엇보다 중요하다. 그럼 이제 불황에 취할 수 있는 여섯 가지 기본 체스 동작, 즉 SWOT 분석이 선택하는 데 도움을 줄 여섯 가지 전략을 알아보자. 구체적인 상황과 목표에 따라 어떤 전략을 사용할지는 달라지겠지만 기본적인 대안은 모두에게 동일하다.

전략 1: 준비하라

무슨 의미인가? 정신을 차리고, 배고픈 시간을 보내고, 다음 불황을 예측하고, 이력을 쌓아가고, 어려운 시간이 왔을 때 무엇을 할 의향이 있고 또 하고 싶지 않은지 자신에게 물어봐야 한다.

누구에게 필요한 전략일까? 모두가 그래야 한다! 아주 기초적인 단계이기에 각자가 처한 상황과는 무관하게 반드시 해야 하는 일이다.

전략 2: 견뎌라

무슨 의미인가? 현재의 직업, 회사 또는 업종에서 살아남기 위해

할 수 있는 모든 것을 하라는 말이다. 따개비처럼 꼭 달라붙어 있어라. 주변에 실직하는 사람들이 보이더라도 회사에 꼭 필요한 직원이 되어 일자리를 사수하라.

누구에게 필요한 전략일까? 이 전략은 쉽게 삶에 변화를 줄 수 없는 이들에게 가장 필요하다. 만일 가정에서 생계를 책임지고 있거나 부양해야 하는 부모님을 모시고 있거나, 한 마을에서 어린 시절을 보내고 친구와 가족들 모두 함께 살아 그곳을 떠날 수 없는 사람에게 필요한 전략이다.

전략 3: 숨어라

무슨 의미인가? 경기가 살아날 때까지 학교에 남아 있거나 학교로 다시 돌아가고, 불황에 강한 산업을 찾아 안전한 일자리를 얻어 불황으로부터의 피난처를 확보하는 것을 뜻한다.

누구에게 필요한 전략일까? 젊다면 학교로 돌아가는 것이 가장 쉬운데, 정말로 누구나 그렇게 할 수 있다. 불황에 강한 산업에서 일자리를 찾기 위해서는 먼저 그러한 기술을 갖고 있느냐에 달려 있다. 교육, 의료, 정부 분야에 알맞은 기술이 있다면 안정된 분야에서 웅크려 남는 것이 좋은 선택이다.

더욱이 기술 산업은 최근 훨씬 더 불황에 강한 산업이 되었다. 특히 코로나19로 인한 경기 침체기에는 기술 발전으로 인해 많은 사람이 원격으로 일하고 계속 사업을 운영할 수 있도록 도와주었다.

전략 4: 도망쳐라

무슨 의미인가? 유망한 곳으로 지리적 위치를 물리적으로 옮겨 가라는 말이다. 또한 망해 가는 산업이나 기업에서 벗어나라는 말이다. 무엇을 향해 달려가느냐에 초점을 둬야 한다.

누구에게 필요한 전략일까? 물리적으로 이사 가려면 매여 있는 몸이 아니어야 가장 쉽다. 그 말인즉 젊은층이거나 배우자 또는 자녀가 없다는 말이지만 새로운 모험을 찾는 노부부도 가능하다.

전략 5: 쌓아 올려라

무슨 의미인가? 두 가지를 뜻한다. 첫 번째로는 기술을 쌓는 것이고, 두 번째로는 자신만의 사업을 구축하라는 것이다. 기술이든 사업이든 자신에게 투자한다. 이로써 커리어에 장기적으로 가치를 더하거나 불황이 끝난 후에도 비즈니스를 운영할 수 있다.

누구에게 필요한 전략일까? 누구나 기술을 쌓을 수 있다. 사업을 구축하는 데는 일반적으로 긴 활주로를 가진 사람에게 가장 유리하다. 활주로라 하면 이윤이 생기기 이전에 사업을 구축하는 데 필요한 시간을 말한다.

활주로가 긴 사람들이란 배우자가 일정한 수입이 있거나, 돈다발을 은행에 넣어 두었지만 잃어도 무관하거나, 또는 기업가 정신을 발휘해 사업에 도전할 수 있는 다양한 자산을 보유한 이들이다.

전략 6: 투자하라

무슨 의미인가? 운영 중인 기업이 성장하도록 돈을 투자하거나, 자녀교육비 지출에 투자하거나, 아주 아주 조심스럽게 주식 시장에 투자하는 것을 말한다. 빠삭하게 아는 것이 아니라면 개별 주식을 사고 팔라는 것은 아니다.

누구에게 필요한 전략일까? 자녀가 있다면 누구나 자녀교육에 투자해야 한다. 이는 비단 자녀들을 위해서일 뿐 아니라 자기 자신을 위해서도 그렇다. 나이가 들면 자녀들에게 의지하게 된다. 은행에 보유한 자산이 조금 있다면 안전한 뮤추얼 펀드^{mutual fund}(투자금을 모아 수익을 낸 뒤 배당금 형식으로 수익을 나눠 주는 투자 신탁-옮긴이)에 넣어 두어야 한다. 투자에 열정적으로 뛰어드는 사람은 용감하거나 요령이 있거나 어리석거나 셋 중에 하나다.

불황에 맞서는 커리어 전략

1. 자신이 곧 기업이라는 생각으로 기업에서 SWOT로 객관적이고 냉철하게 분석하듯이 자신을 파악해 보라.
2. 나에게 어떤 선택지가 있는지 평가하라.
3. 강점과 기회는 곧 앞으로 나아갈 열쇠를 쥐고 있다.

4장

준비하라

||||||||||||||||||||||||||||||||||||||||||||||||||||||||||||||||||||||||||||||||||||||||||||||

불황이 닥치기 전에 긴장하고, 주의를 기울이고, 전략적으로 사고해야
한다. 마치 큰 경기를 앞두고 체육관에 다니는 것과 같다.

짚고 넘어갈 것은 짚고 넘어가자. 경기 침체가 닥치면 살아남는 것과 번창하는 것이 쉽지 않지만 할 수는 있다. 오히려 시작이 빠를수록 더 쉬워진다. 더 늦기 전에 불황을 대비해야 한다. 한 가지 큰 이점이 있다면 앞으로의 일을 미리 내다볼 수 있다는 점이다.

이 책의 1장에서 보여준 지표들을 기억해 보자. 이러한 지표들은 불황이 이미 닥쳤음을 보여 주는 것이 아니라 그 이전에 예측하는 것을 도와준다. 예를 들어 ISM 제조업 지수는 경기 침체가 현실로 나타나기 전에 50선 아래로 떨어진다. 코앞에 닥치기 전에 앞서 알 수 있다는 말이다.

이번 장에서 제시하는 목표는 '정신을 바짝 차리라'는 것이다. 불황이 닥치기 전에 긴장하고, 주의를 기울이고, 전략적으로 사고해야 한다. 마치 큰 경기를 앞두고 체육관에 다니는 것과 같다.

자, 이제 몸을 만드는 방법을 소개하겠다. 경제라는 놈이 야단법석을 떨 때 단단히 준비되어 있도록 말이다!

나의 선택지는 무엇인가?

이 장에서 중요한 일은 연습 문제를 완성하는 것이다. 다른 연습 문제들보다 더 많은 분량을 할애했고 꼼꼼히 하다 보면 15분은 족히 걸릴지도 모른다. 하지만 꼭 필요한 작업이다. 무엇이 위협적이고 무엇을 달성하고 싶은지 SWOT 분석과는 다르게 접근했다고도 볼 수 있다. 대부분이 그 자체로 분명하지만 이를 최대한 활용하기 위한 몇 가지 조언이 있다.

1. 불황은 기회다

불황을 앞에 두고 "내 목표는 무엇인가?"라고 묻는 것이 비현실적이거나 심지어 망상처럼 들릴지도 모른다. 경제 사정도 나쁜데 어떻게 꿈에 그리던 집을 소유하거나 세계 일주를 할 수 있겠는가? 아무도 물건을 사지 않는데 어떻게 성공적인 회사를 창업할 수 있겠는가? 다들 먹고살기 위해서 고군분투하는데 누가 다른 언어를 배우거나 봉사할 시간이 있겠는가?

이 같은 사고방식은 완전히 거꾸로 되어 있다. 믿거나 말거나 불황은 이 모든 것들을 실현하기에 가장 좋은 시기이자 쉬운 시기가 될 수 있다.

회의적인 질문 하나하나를 차례대로 살펴보자.

"경제가 안 좋은데 어떻게 꿈에 그리던 집을 소유하거나 세계 일주를 할 수 있을까?" 질문을 뒤집어 보자. 경기가 좋을 때 어떻게 집을 사거나 여행을 갈 수 있을까?

경기 상승기가 되면 집을 구하는 이들로 넘쳐나 부동산 시장은 미쳐 버린다. 시장은 곧 판매자 찾기가 힘들어진다. 1990년대 말 닷컴 버블이 한창일 때 샌프란시스코에서 집을 구매하려던 사람에게 물어봐라. 집을 구매하기 가장 좋은 시기인 것 같지만 사실 최악의 타이밍이다. 어느 금융 고문이라도 싸게 사서 비싸게 팔라고 할 것이다. 집을 사야 한다면 불황기에 사야 한다. 시세 차익을 노린다면 지금이 바로 그때다.

여행에 관한 한 관광, 레저, 숙박 및 요식업이 불황에 특히나 취약한 산업이라는 점을 기억해야 한다. 사람들의 수입이 적으면 사치품 소비를 줄인다. 다른 한편으로는 호텔 객실과 비행기 티켓이 훨씬 더 저렴해진다는 것을 의미한다. 만일 늘 꿈꿔 온 세계 일주 모험을 위해 돈을 저축하고 있었다면 불황은 돈을 최대한 활용할 수 있는 완벽한 시기이다. 불경기에 무엇을 포기해야 하느냐고? 별로 없다.

"물건을 사는 사람이 없는데 어떻게 회사를 성공적으로 창업할 수 있을까?"

답은 간단하다. 아무도 물건을 사려 하지 않을 때 물건 값이 싸기 때문이다. 물건 값이 싸면 창업비가 싸다. 경기가 회복될 때쯤이면 사업은 크게 흔들릴 것이다. 9장에서 이 모든 비밀을 풀어주겠다.

"먹고살기 위해 고군분투하는데 누가 외국어를 배우거나 봉사를 할 시간이 있겠는가?"

다시 한 번 질문을 뒤집어 보자. 다른 지원자들과 차별화가 필요한 상황에서 교육과 자원봉사를 통해 기술을 쌓지 않을 사람이 누가 있겠는가? 외국어를 배우는 것은 단순한 취미가 아니다. 그것은 이력을 만드는 것이고 기업에 계속해서 성장하고, 배우고, 열심히 일하는 모습을 보여 주는 것이다. 지역 사회를 위한 자원봉사는 새로운 분야에서 전문적인 경험을 얻을 좋은 기회가 된다. 회사에서 채용할 때 급여를 받지 않고 일한 경험이 있는 사람을 반긴다. 봉사 경험을 바탕으로 일할 준비가 되어 있다고 보기 때문이다. 자세한 내용은 5장과 8장을 참조하라.

경제학에는 기회비용이라는 개념이 있다. 기본적으로 무언가를 얻기 위해 포기해야 하는 다른 기회의 최대가치를 말한다. 고양이를 입양하면 고양이 사료, 접종, 치료비 등 직접 비용이 든다. 게다가 기회비용도 있다. 고양이가 있어서 할 수 없는 일들이 생기는 것이다. 갑자기 여행을 떠난다든지, 동물 알레르기가 있는 어머니를 초대한다든지, 거실에 금붕어가 가득한 열린 수족관을 둔다든지 하는 일을 할 수 없다. 불황기에는 다른 비용이 내려가는 것처럼 기회비용도 내려간다. 일자리가 없으면 꿈꿔온 콜롬비아 여행을 위해 몇 달 동안 휴가를 낸다고 해서 잃을 것이 무엇이겠는가. 아무것도 없다. 일자리가 없으면 일본어를 배우고 적십자 봉사활동을 하면서 시간을 보내기로 마음먹었을 때 포기하는 것이 무엇이겠는가. 아무것도 없다.

불황이 단지 위협이 아니라 기회인 이유는 낮은 기회비용 때문이다. 새로운 도시, 새로운 직업, 새로운 취미를 늘 꿈꿔 왔다면 그 변화가 무엇이든 불황이야말로 바로 그 시도를 해 볼 때다.

2. 자신의 커리어를 조각하라

이 장의 〈연습 #7〉에서 '현재 직업에 관해 마음에 들지 않는 점은 무엇인가?' 하는 부정문 형태의 질문에 주의 깊게 답해 보자.

학부 과정을 마친 1999년 나는 직업 상담사를 만났다. 당시 들었던 위대한 지혜 중에는 '커리어는 조각품'이라는 말이 있었다. 어떻게 살아가야 할지 고민하다 보면 마치 큰 바윗덩어리 같은 인생을 조각하는 조각가처럼 느껴질 것이다. 그 돌덩어리는 배관공, 조종사, 피아니스트 등 모든 직업이라 볼 수 있다.

조각가는 어떻게 일하는가? 하나의 작품으로 완성될 때까지 돌덩어리를 덧붙이는 것이 아니라 덜어낸다. 세상에 나가 여러 일을 경험해 보고 자신을 위한 것이 아니라고 판단되면 돌덩어리에서 한 조각을 떼어내는 것이다. 충분한 시간을 보내고 나면 좋아하고 잘하는 일만 남는다. 그것이 조각상이고 나의 커리어가 된다. 그렇기에 '부정적' 질문이 그만큼 중요하다.

물론 돌이켜 보면 그때 직업 상담사의 조언이 경기가 좋을 때 일자리를 구하라는 것이었다면 더 좋았겠단 아쉬움이 있다. 그런 조언을 들었더라면 내가 가졌던 두 번째로 바보 같은 생각은 하지 않았을 테니 말이다.

3. 씀씀이를 줄이는 것도 방법이다

〈연습 #7〉의 '불황기에 하고자 하는 것은 무엇인가?' 하는 질문에서 가능한 답변 중에는 '씀씀이를 줄인다'가 들어갈 수 있다. 내가 이 책을 쓴 데에는 씀씀이를 줄여야 하는 상황을 만들지 않기 위해서다. 하지만 결과적으로 다른 선택지가 없다면 씀씀이를 줄이는 것도 방법이다.

많은 경우 주택은 지출을 줄이기 가장 좋은 곳이다. 몇천만 원대 연봉이든 십억 원대 연봉이든 가장 많이 지출하는 곳이 주택이다. 친척들과 같이 살거나 룸메이트를 들이면 지출을 크게 절감할 수 있다. 같이 사는 것이 좋지만은 않겠지만 분명 큰 절약이 된다.

　　누군가는 쏨쏨이를 줄이는 일을 매력적이라고까지 느낀다. 아무래도 자녀들을 출가시킨 부부라면 더욱 그럴지도 모르겠다. 막내가 대학 때문에 집을 나가니 화장실 세 개를 청소하기가 힘들고, 교외의 낡고 곰팡이가 핀 주택에서 도시의 세련된 아파트로 옮기고 싶을 것이다. 처한 상황과 우선순위가 어떻게 되든지 간에 쏨쏨이를 줄이는 게 어떤 모습일지 그리고 어느 정도까지 감수할 의향이 있는지 자문해 보자.

　　기억할 점은 자신이 곧 기업이라는 것이다. 불황이 오면 기업은 일차적으로 비용을 줄인다. 우리도 그렇게 할 수 있다. 성공하는 기업일수록 불황이라고 패닉에 빠져 닥치는 대로 무턱대고 삭감하지 않는다. 앞서 계획을 세우고 현명하게 비용을 줄인다. 우리도 똑같이 해야 한다. 새 BMW가 필요한가 아니면 작년 도요타도 괜찮은가 스스로에게 물어보아야 한다. 출가한 자녀들과 함께 살던 넓은 평수의 집이 지금 정말 필요한 걸까? 만일 재택근무를 한다면 이 비싼 도시에서 살 필요가 정말 있을까? 아니면 직업을 포기하지 않고 좀 더 저렴한 곳으로 이사할 수 있을까? 나의 조언이 "생활을 절감하라"가 아니라 "생활비를 절감하라"였다는 사실을 잊지 말길 바란다. 쏨쏨이를 줄이라는 것이지, 생활 수준을 떨어뜨리라는 말은 아니다.

프레스티지 이코노믹스를 설립했을 당시 나는 휴스턴에 살고 있었다. 업무상 장거리를 자주 다녔기 때문에 내가 어디에 사느냐는 커리어에 큰 문제가 되지 않았다. 나는 가성비가 좋은 도시로 이사를 결심했다. 그리하여 텍사스주 오스틴으로 옮겼고 지금도 전혀 후회하지 않는다. 하루아침에 내 주거비와 자동차 보험료가 절반으로 줄었다. 이전과 같은 삶의 모습을 유지하면서도 지출은 크게 줄인 것이다.

연습 #6 : 리스크의 순위를 매겨라

다음에서 생계에 미치는 위험을 10점 척도로, 가장 적은 정도를 1로, 가장 많은 정도를 10으로 점수를 매겨 보자.

상사 리스크(상사에게 미움을 받고 있는가?)
1 2 3 4 5 6 7 8 9 10

경제 리스크(경제가 곧 하락할 것 같은가?)
1 2 3 4 5 6 7 8 9 10

업종 리스크(속한 업종이 하락세인가?)
1 2 3 4 5 6 7 8 9 10

지역 리스크(지역 경제가 취약한가?)
1 2 3 4 5 6 7 8 9 10

기업 리스크(속한 기업이 부진한가?)
1 2 3 4 5 6 7 8 9 10

자동화 리스크(속한 직업이 기계에 대체될 것인가?)
1 2 3 4 5 6 7 8 9 10

대체 리스크(보다 적은 임금을 받는 노동자가 나타나면 자리를 뺏길 수 있는가?)
1 2 3 4 5 6 7 8 9 10

▶가장 그렇지 않다 - 1 2 3 4 5 6 7 8 9 10 - 가장 그렇다

나는 어떤 위험을 안고 있는가

이제 점수들을 모두 더해 보자

- 총점 25점 미만이면 위험도가 낮다. 다음에 설명된 단계를 따라 자신의 입지를 좀 더 다지길 바란다.
- 26~40점일 경우 위험이 균형 잡혀 있다. 좋은 소식이라면 지금 상황이 꽤 잘 풀리고 있다는 것이지만 나쁜 소식이라면 경기 침체에서 일자리가 빠르게 위험에 처할 수 있다는 것이다. 입지를 좀 더 확보하길 바란다.
- 40점 이상이면 위험이 크다. 일자리 구하는 데 도움을 줄 5~10명 정도의 사람들과 친하게 지내라.

9점 또는 10점을 받은 범주는 몇 개인가?

- 한 범주에서 9점 혹은 10점을 획득한 경우 위험이 크며 곧 자리가 위태로워질 수 있다.
- 두 개 이상의 범주에서 9점 또는 10점을 획득한 경우 위험이 매우 크며 자리가 사라질 위험도 있다.

높은 점수가 나왔다고 두려워하지 않기를 바란다. 두렵다면 지금부터라도 부지런히 움직이면 된다. 위험이 아닌 기회를 엿볼 수 있도록 SWOT 분석보다 더 자세히 자기 자신을 살펴보길 바란다.

연습 #7 : 너 자신을 알라

현재 자신이 가진 직업의 위험도를 평가했다면 이제는 앞서 생각해 보자. 다음의 질문들은 자신의 직업에서 좋아하는 것과 싫어하는 것, 장기 계획, 의향 등을 알아내는 데 도움이 되도록 고안됐다. 비록 직업의 위험도는 낮더라도 그 가능성을 염두에 두고 정말 만족하고 있는지 살펴보자.

현재 직업에 관해 좋아하는 점을 5~10가지 골라 보자.

1.
....

2.
....

3.
....

4.
....

5.
....

6.
....

7.
....

8.
....

9.
....

10.
....

현재 직업에 관해 마음에 들지 않는 점을 5~10가지 골라 보자.

1.
....
2.
....
3.
....
4.
....
5.
....
6.
....
7.
....
8.
....
9.
....
10.
....

현재 나의 목표는 무엇인가?

향후 5년 동안 이루고 싶은 목표에 동그라미를 쳐 보자.

- 경제적인 안정
- 행복한 가정 꾸리기
- 결혼하기
- 전 세계 여행하기
- 꿈에 그리던 집 장만하기
- 성공적인 커리어 만들기
- 외국에서 살아보기
- 외국어 하나 배우기

• 창업하기

불황기에 하고자 하는 것은 무엇인가?
내가 하고자 하는 일은

• 신도시로 이사 간다	그렇다 ☑	아니다 ☐
• 외국으로 이민 간다	그렇다 ☐	아니다 ☑
• 직장을 옮긴다	그렇다 ☐	아니다 ☐
• 직무를 바꾼다	그렇다 ☐	아니다 ☐
• 업종을 바꾼다	그렇다 ☐	아니다 ☐
• 학교로 돌아간다	그렇다 ☐	아니다 ☐
• 씀씀이를 줄인다	그렇다 ☐	아니다 ☐
• 커리어를 바꾼다	그렇다 ☐	아니다 ☐
• 현 직장에 계속 근무한다	그렇다 ☐	아니다 ☐

• 이번 연습 과제에서 특별히 뜻밖의 질문이었던 것이 있는가?
• 삶이나 커리어에서 뭔가 빠진 것이 있는가?
• 현재 직업에서 바꿀 수 있는 것이 있는가?

불황의 시작은 이와 같은 선택지들을 탐구할 기회를 제공해 준다. 그리고
불황이 닥쳤을 때 가장 명심해야 할 점은 우리에게 선택권이 있다는 것이
다. 때로는 이 같은 선택지들이 예상치 못하게 찾아오기도 하고 서둘러 애
써야 현실로 손에 쥐어질 수도 있다. 하지만 민첩하게 밀고 나갈 때 더 많은
선택권을 얻을 가능성이 크다. 그렇지 못하면 급박하게 찾아오는 운명의 장
난에 희생양이 되고 말 것이다.

가라앉는 배에서 먼저 뛰어내려라

다음에 올 불황을 내다보며 몇 가지 다른 지혜들을 나누어 보자. 먼저 불황에 큰 타격을 입을 기업에서 일한다면, 차라리 빨리 나가도록 한다.

여기에는 몇 가지 이유가 있다. 그 이유 중 하나는 가라앉는 배에서 먼저 뛰어내린 사람이 구명정에 올라타기 때문이다. 배에 남은 마지막 사람은 이도 저도 아니게 된다.

그러므로 만일 기업이 구조조정을 시작한다면 퇴직 장려 지원금 voluntary separation package(이하 VSP)을 받고 일찌감치 직장을 떠나길 바란다. VSP는 때로 '황금 악수'라고도 불린다. 많게는 1년 치 연봉만큼 받을 수 있다. 경기가 둔화하고 정리해고를 만지작거리는 시간이 오면 많은 기업이 VSP를 제공하기 시작한다. 그러니 기회를 잡길 바란다. 아직 선택권이 있을 때 지원금을 받고 다음 단계로 넘어가는 것이 낫다.

지원금을 받아야 하는 또 다른 이유는 인원을 줄이는 동안 회사에 남게 되면 종종 그 끝이 좋지 못하기 때문이다. 먼저 회사를 떠난 이들의 업무량을 짊어진 채 자신도 실직되는 것은 아닌지 좌불안석이 된다.

영화 〈글렌게리 글렌 로스Glengarry Glen Ross〉에서 부동산 중개업을 하는 알렉 볼드윈Alec Baldwin이 방에 한가득 모인 부동산 판매원들을 특유의 거친 말투로 다그치는 장면이 나온다. 그는 이들에게 판매를 마감하라고 말한다. 판매를 많이 한 경우 1등은 신형 캐딜락 한 대이고 2등은 스테이크용 나이프 세트이다. 3등은 해고다.

인원 감축을 심각하게 진행하는 기업에 붙어 있으면 체감할 수 있다. 실제로는 더 나쁘다. 1등이 스테이크용 나이프 세트라면 2등이 해고다. 그렇기에 1만 명 구조조정이나 VSP 지원금을 제공할 때 981번째나 2,350번째가 되고 싶지는 않을 것이다. 1등이 되고 싶지 않은가? 직설적으로 말하자면 비디오 대여점 블록버스터의 마지막 남은 중간 관리자가 되고 싶은가?

그렇게 퇴직금을 받는다고 해도 결코 괜찮은 액수가 아니었으리라 장담할 수 있다. 사실 해고당하기 몇 달 혹은 심지어 몇 년 전에 게시판에 공고문이 걸려 있었을 것이다. 여기에는 한 가지 반전이 있다. 기업들이 인원 감축에 나설 때는 퇴직 장려 지원금, 아니 황금 악수 또는 황금 낙하산을 가장 먼저 제시하는 대상이 기업 내 최악의 인력들이라는 점이다. 직장에서 우수한 인력이라면 기업은 놓치고 싶지 않아 붙들려고 한다. 그러다가 불황의 늪 한가운데를 지날 즈음 내쳐져 형편없는 지원금을 손에 쥐거나 그마저도 받지 못한 채 최악의 상황에 내던져진다.

한편 실적이 저조한 동료들이 황금 악수를 하고 경제가 아주 나빠지기 전에 고용 시장에 뛰어들었을 수 있다. 좋은 일을 해도 인정받지 못하고 오히려 벌을 받을 때가 있는 법이다. 그러니 황금 악수의 기회를 놓쳤다고 기분 나빠하지 마라. 실제 당신의 상황을 잘 보여주는 이야기일지 모르겠다.

그렇다면 '스스로에게 관대하라'는 조언 부분으로 돌아가 보길 바란다. 자기 잘못이 아니라고 해서 반드시 피할 수 없었던 것은 아니다. 일찍 나가라. 가라앉는 배에서 물을 퍼내기 전에 무언가 다른 것이 준비돼 있길 바랄 수 있겠지만 일찍 뛰어내리길 두려워하지 마라.

내가 일하는 회사가 타이타닉과 같은 침몰 상황을 맞을지 어떻게 아느냐고? 앞서 밝혔듯 동료들이 황금 악수를 받고 발 빠르게 움직이는 것이 하나의 신호다. 신규 인력을 채용하지 않는 것도 신호다. 월급이 동결되는 것도 마찬가지다. 기업에서 최고 성과를 내는 직원들이 돈, 계약, 고객을 끌어들이기 위해 고군분투하는 것도 하나의 신호다.

2009년 초, 나는 거대한 경영 컨설팅 회사인 맥킨지McKinsey의 휴스턴 사무실에서 일하고 있었다. 당시 나는 경기가 메말라 가고 있음을 알 수 있었다. 맥킨지 같은 회사에서 직장 상사에게 중요한 것은 하루에 인정받는 초과 노동시간이 얼마나 되느냐 하는 계산이다. 오전 7시부터 밤 11시까지 열심히 일할 수도 있지만 그중 노동시간으로 인정해 주는 게 없다면 아무도 그 일에 가치를 부여하는 사람이 없다는 뜻이고 한 푼도 회사에 벌어다 줄 생각을 하지 않게 된다. 2009년 1분기 동안 하루 평균 한두 시간 초과 근무를 했지만 그것만으로도 나는 당시 회사에서 최고 성과자 중 한 명이 되었다.

이게 바로 내가 말하는 신호다. 글로벌 선도 기업에서 최고의 실적을 내면서 하루에 한 시간만 더 일한다면 이제 그만 회사를 떠날 때다. 그 기업이 망하고 있기 때문이다.

꾸준히 자신에게 투자하라

경기 침체의 위험에 대비하는 한 가지 방법은 교육에 집중하는 것이다. 교육은 학교 교육이 끝난다고 해서 끝나지 않는다. 평생 교육수업을 듣길 바란다. 만일 기업에서 사내 교육이나 여타 연수에 예산을 쓴다면 꼭 참여하라. 언어를 배워라. 도자기 레슨을 받아라. 아무것도 배우지 않는 것보다는 낫다.

왜냐고? 고용주들이 찾는 것은 특정 기술에 숙달된 것이 아니라 배우는 능력이기 때문이다. 물론 IT 기업에서 라틴어를 사용할 일은 없겠지만 라틴어를 배울 수 있다면 HTML은 확실히 배울 수 있다. 특히 연차가 쌓인 직장인이라면 굼벵이도 구르는 재주가 있고 또 그러길 원한다는 것을 보여 줄 기회가 된다.

독일어 석사 과정을 밟고 있을 때 나는 중세 독일 연극을 읽고 번역하고 있었다. 분명하게 말하지만 쉬운 일이 아니다. 내가 와코비아 은행의 선임 에너지 경제학자로 일하고 있을 때 중세 독일 연극을 읽어야 했던 적이 있는가? 없다. 하지만 이와 같은 힘든 기술을 습득하는 일은 끊임없이 배우고 성장하며 한계에 도전하는 일을 요구하는 직업에서 사람을 채용할 때 분명 좋게 어필할 수 있다.

취업 전선에 본격적으로 뛰어들기 전에 '아 내가 X를 배웠거나 온라인 강좌 Y를 들었거나 전문직 타이틀 Z를 달았더라면 좋았을 텐데' 생각하면서 빈 시간을 채워가라. 호황기에 꾸준히 축적하고 성장하며 자신에게 투자하기 위해 시간과 노력, 돈을 따로 확보해 둘 필요가 있다.

무엇을 하든지 중요한 것은 전문적인 기술을 쌓거나 새로운 것을 배울 수 있는 능력을 보여 줌으로써 다음 직장을 위한 준비를 하는 것이다.

배고파야 한다

일찍 일어나는 새가 벌레를 잡는다. 정확히 말하면 일찍 일어나고 배고픈 새가 벌레를 잡는다. 배고프다는 것은 단지 절박하다는 것이 아니다. 배고픔은 갈망과 결단에 관한 것이다.

얼마나 배고파야 한다는 것인가?

아마도 이 정도는 돼야 하지 않을까. 2001년, 내가 했던 두 번째로 멍청한 생각을 하고 난 뒤로 난 호황기를 놓치고 경기 침체기에 졸업했다. 상황은 내게 좋지 못했다. 난 고학력이었지만 실무 경험이 적었다. 강점을 살려 응용경제학으로 두 번째 석사 학위를 2003년에 마쳤다. 나는 경제학을 전공했지만 여전히 일자리 구하기가 어려웠다. 학생 대출로 근근이 생계를 유지하며 MBA 수업을 추가로 들었고 직업을 찾고자 미친 듯이 백만 직업 박람회와 네트워킹에 참여했다. 나의 눈은 사방을 향해 있었다.

내가 보고 있던 곳 중에는 미국에서 한 번쯤 들어봤을 법한 푸드러커Fuddruckers라는 햄버거 체인점이 있었다. 당시 푸드러커는 프로모션을 진행 중이었는데, 매장 앞에 손님들의 명함을 담은 통이 놓여 있고 추첨을 통해 무료 버거를 주는 행사였다.

내가 뭘 했는지 아는가? 내가 얼마나 취업에 굶주렸는지 아는가? 나는 그 통에서 명함을 꺼내어 명함에 있는 사람들에게 전화를 걸기 시작했다. 혹자는 절박하다고 하겠지만 나는 그것을 '배고프다'고 부른다.

이것이 배고픔에 대한 나의 정의다. 명함이 가득한 통을 보고 '와, 내가 버거를 공짜로 먹을 수 있을 것 같아.' 대신 '저 사람들 중에 날 뽑아갈 사람이 있을지도 몰라.' 하고 생각했다. 그저 공짜 버거를 바라는 이들로 가득 찬 통에 손을 넣고 일자리를 구걸하는 메일을 보낼 정도로 배고픔이 없다면 아직 충분히 배고픈 상태가 아니다. 미안하지만 아직 그 정도에 미치진 못했다. 불황이 닥치면 아마 직업을 얻지 못할 것이다.

결과적으로 그 통은 날 취직시켜 주지 못했다. 내가 취직할 수 있었던 건 또 다른 배고픈 방법을 통해서였다. 나는 선임 경제학자를 앞에 두고 와코비아 은행의 인턴십 면접을 봤지만 자리를 얻지 못했다. 인사팀에서 석사 학위가 두 개인 나를 보고 영원히 학생으로 남길 원할지도 모른다고 생각한 모양이었다. 어찌 되었건 난 직장을 구하지 못했고 채용될 때까지 계속해서 채용 담당자에게 메일을 썼다. 나중에 밝히길, 채용담당자가 날 고용한 이유가 이메일을 그만 좀 보냈으면 하는 마음에서였다고 한다.

그 정도로 배고픔과 끈기가 있어야 한다. 나는 취업이 되기까지 수천 건의 지원서를 작성했다. 와코비아 은행은 날 뽑지 않았지만 몇 달이 지나 확인차 다시 연락했을 때 나는 채용되었다.

우물이 말랐다고 다시 돌아가 확인하길 두려워하지 마라!

전화 한 번으로 일자리를 소개할 수 있는 5~10명의 명단을 얻는 법에 대해서는 나중에 소개하겠다. 안타깝게도 학교는 그러한 명단을 꾸리기에 무척 좋지 않은 장소다. 아는 사람이라고는 학생 혹은 학계에 있는 분들이 전부이기 때문이다. 그러니 그 명단을 갖기까지 정말로 배고파야 한다. 정말, 정말로 배고파야 한다!

그리고 무엇보다 적응력을 키우고 유연해져야 한다. 아무 일이나 하겠다는 것은 아니지만 분명 많은 다른 일을 할 수 있는 만큼 열린 마음과 태도를 지녀야 한다. 불황은 선택지들을 빼앗는다. 불황에 맞서 선택지를 만들고 열린 기회로 남겨 두어야 한다.

불황에 맞서는 커리어 전략

1. 이점을 살리기 위해 불황에 강해져야 한다. 그러기 위해 정신을 차려라.
2. 작은 부분이라도 이력서를 보강할 방법을 찾아라.
3. 무엇을 할 것이고, 무엇을 하지 않을 것인지 스스로에게 질문하라.
4. 간절함이 길을 만든다. 배고파야 한다.
5. 우물이 말랐다고 다시 돌아가 확인하길 두려워하지 마라.

5장

견뎌라

따개비처럼 딱 달라붙어서 절대 놓지 않는 것이 견디기 전략이다. 삶에
큰 변화를 주기 힘든 사람에게는 최고의 전략이다. 대체 불가한 인재로
살아남기 위해 무엇을 해야 할까?

작은 마을에 공장이 하나 있는데, A는 거기서 일하고 있다. 직장은 모두가 알 만큼 유명한 곳이고 매일 출근할 수 있어서 기쁘다.

아들은 5학년이고, 차마 아들이 절친한 친구와 떨어지는 것을 바라지 않는다. 어머니는 연세가 많아, 아들을 차로 데려다주는 것만큼이나 어머니를 모시고 시내 곳곳을 다녀야 한다.

이 상황이 지금 자신의 모습과 겹쳐진다면 한 가지 나쁜 소식이 있다. 불황이 닥치면 나에게 주어진 선택지가 줄어든다는 것이다. 물론 아예 없는 건 아니다. 불황을 지나는 동안에도 선택지를 스스로 채울 수 있다. 그리고 낯선 도시로 가방을 싸지도 않고, 업종을 바꾸지도 않고, 다른 회사로 옮겨 가지 않아도 된다. 심지어 직무를 바꾸지 않고도 가능할지 모른다.

이것이 바로 견디는 전략이다. 따개비처럼 딱 달라붙어서 절대 놓지 않는 것이다. 삶에 큰 변화를 줄 수 없는 사람에게는 최고의 전략이 될 것이다.

견디기 전략의 첫 번째 규칙

많은 이들이 불황일 때 어떻게 해야 할지 내게 조언을 구한다. 내가 늘 첫 번째로 해 주는 말은 "잘리지 마라."는 것이다. 영화 〈글렌게리 글렌 로스〉의 그 장면으로 다시 돌아가 보자.

부동산 판매 실적에 따라 1등은 캐딜락, 2등은 스테이크용 나이프, 3등은 해고이다. 만일 자신이 불황에 취약한 산업에 종사한다면(영화의 영업사원들은 부동산업에 종사하고 있었는데 이 역시 불황에 취약하다) 똑같은 상황이 현실이 될 가능성이 크다. 이번 장에서는 1등이나 적어도 2등 상품 정도는 받을 수 있는 전략을 제시하고자 한다.

먼저 알아 둘 점은 직업이 그냥 사라지는 게 아니라는 것이다. 누군가가 회사 인력을 축소하기로 결정을 내려야 한다. 누군가는 남기고 누군가는 자르기로 하는 그런 결정 말이다. 결국 정서적 문제, 1장에서 말했던 두려움과 탐욕의 균형이 문제인 것이다.

만일 기업의 고위급 전략 기획 임원들이 불안해한다면 결과가 좋지 못할 수 있다. 이들이 매우 불안해한다면 결과는 아주 좋지 못할 것이다. 그렇다고 이들이 두려움에 사로잡혀 있다고 해서 인력을 통째로 해고하거나 하지는 않는다. 해고는 선택적으로 이뤄질 텐데 어떻게든 남는 쪽에 서야 한다.

상사 리스크를 분산하라

일단 해야 할 일은 상사 리스크에 대해 오래 그리고 깊게 생각하는 것이다. 상사 리스크란 상사가 우리를 해고하거나 구조조정에 나설

105

리스크를 말한다.

　누구에게나 상사가 있기에 상사 리스크에 대해 생각할 필요가 있다. 설령 본인 스스로 기업을 경영하고 있더라도 고객이라는 상사가 있다. 만일 이들이 제품 구매를 중단한다면 어떻게 될까? 사장을 해고하는 셈이다. 대기업의 CEO이고 매일 많은 일을 진두지휘한다고 한들 결국 주주라는 상사가 있다. 이들에게 신뢰를 잃으면 결과적으로 해고 선고가 쾅, 쾅 내려질 것이다. 그러니 상사 리스크는 모두에게 실질적인 위협이다.

　살고 있는 도시, 업종 혹은 회사 등을 바꿀 수 없어서 견디는 것이 최선이거나 유일한 선택이라고 생각된다면 특히 상사 리스크가 높다. 리스크가 분산되지 않았기 때문이다. CEO라면 그를 좋아하거나 싫어할 수 있는 전체 이사회를 두고 있다. 소기업 사장이라면 다수의 고객이 있다. 하지만 우리에겐 상사가 한 명이다. 그가 우리를 좋아하지 않는다면 책상을 빼야 한다. 관리직에 있는 아주, 아주 많은 이들이 사람을 관리할 줄 모른다는 것은 슬픈 현실이다. 이 때문에 상사 리스크가 일어난다.

　상사를 한 명만 두는 것은 저축한 돈을 전부 한 종목의 주식에 투자하는 것만큼이나 위험한 일이다. 결국 실직으로 떨어지는 유일한 동아줄을 쥔 상사가 우리를 해고할 이유는 없는지 특별히 주의해야 한다. 상사 앞에서 비굴해지자는 말이 아니다. 다만 해고할 만한 단한 가지 이유라도 예측해 보고, 필요한 경우엔 회사를 일찍 떠나야 한다고 제안하는 것이다.

상사 리스크를 실질적으로 분산시킬 유일한 방법은 본인만의 사업을 시작하고, 많은 고객을 확보하는 것이다(8장 참조). 그럼에도 현재 직장에 계속해서 머물고자 한다면 상사 리스크를 분산시킬 방법이 적게나마 존재한다. 직장 내에서 네트워크를 형성하라. 친구를 만들고, 내 편을 찾고, 관계를 쌓아라. 당장 전화해서 일자리의 도움을 요청할 수 있는 5~10명 정도가 있어야 한다는 것을 기억하는가? 그리고 이러한 관계는 예외 없이 누구에게나 필요하다. 이들 명단 중 일부는 현재 직장에 있는 이들일 수 있다.

만일 직장 내부에 이력서 데이터베이스가 있다면 이력서를 새로 작성하고 업데이트하길 바란다. 직장 내 다른 부서로 이전하면 인생에 최소한의 지장만 준다. 학교 다니는 아이들이나 병든 아버지를 모시는 아내 혹은 현재 상황에 전혀 방해되지 않는다.

실제로 옮겨 가지 않더라도 직장 내 대체할 만한 업무를 준비해 두는 것은 항상 옳다. 로저 피셔Roger Fisher와 윌리엄 유리William Ury가 쓴 『Yes를 이끌어내는 협상법』이란 유명한 책이 있다. 이 책에서 한 가지 아주 간단하지만 강력한 협상 규칙을 제시한다. 선택권을 가진 사람이 권력을 가진다는 것. 나를 고용하고 싶어 하는 직장 내 다른 이들을 알고 있다면 현 상황에 좀 더 유리한 위치에 설 수 있다. 만약 지금 상황이 정말 마음에 들지 않는다면 다른 직장으로 옮겨 다른 상사 밑에서 일하면 된다. 선택지가 많을수록 더 높은 위치에 서고 비참한 생활의 부담 역시 줄어든다.

대체 불가한 인력으로 직장에서 살아남기

나는 하루에 천만, 억, 십억 대 자금을 만지는 데이트레이더와 함께 일했다. 이들이 습관처럼 내뱉는 말이 있는데, "거래를 성사시키기 위해서는 수만 가지 이유가 필요하겠지만 거래를 중단하는 데는 한 가지 이유면 충분하다."는 것이다.

이들의 말은 경제 상황이 안 좋을 때 고용과 해고에서도 똑같이 적용된다. 취업을 위해서는 수만 가지 기술을 이력서에 담아야겠지만 직장을 잃는 데는 부족한 기술 한 가지만 있어도 충분하다. 직장에서 살아남는 한 가지 전략이 있다면 기술을 갖는 것이다. 다른 누구도 갖지 못한 기술, 자신을 필수 불가결한 존재로 만드는 기술, 해고할 수 없는 사람으로 만들 기술 말이다.

한 가지 당부를 덧붙인다면, 자신은 평범한 직원이 아니라며 회사에 필수 인력임을 증명하기 위해 다른 누군가의 영역을 침범하지 않도록 주의해야 한다는 것이다. 다른 이들에게 미치는 영향을 최소화해야 한다.

한 가지 예를 들어보겠다. 대규모 경영컨설팅 기업인 맥킨지에서 일할 때 나는 회사에서 요구하는 수준 이상으로 역량을 발휘하려고 노력했다. 그곳에서 특별한, 때론 유별난 일을 했다. 텔레비전, 라디오, 인쇄 매체, 그리고 대규모 콘퍼런스에 금융 예측 전문가로 출연했다. 당시에는 무척이나 드문 경우였는데, 이사급이 아닌 일개 직원이었기에 특히 그랬다. 결국 나는 어느 정도 주변 영역을 침범했

연습 #8 : 배움의 기술

보다 높은 가치의 신규 채용으로 이어질 5~10가지 기술을 나열해 보자. 혹은 3개월 후에 현 직장에서 스스로에게 보다 높은 가치를 부여하는 방법을 5~10가지 정도 나열해 보자.

1.
....
2.
....
3.
....
4.
....
5.
....
6.
....
7.
....
8.
....
9.
....
10.
....

다. 은행에서 일하던 시절 오랜 친구가 날 초청해 명성 있는 금융 시장 콘퍼런스에서 주목을 많이 받는 기조연설을 부탁했다. 같은 콘퍼런스에 패널의 연사 중 한 명으로 좀 더 작고 눈에 덜 띄는 맥킨지 최고 선임위원이 있었다. 그는 오바마 행정부에서 일한 거물이었고 나

109

같은 비교적 풋내기가 기조연설의 스포트라이트를 받는 것을 달가워하지 않았다. 다행히도 그분은 나의 업무 보고 체계에 직접 관련이 있지는 않았다. 나의 상사는 오히려 주목받는 자리에 선 나를 만족스럽게 바라보았다. 그러니 이 이야기를 하나의 경고로 받아들이길 바란다. 자신에게 다른 선택지가 없다면 다른 부서에 있는 사람에게라도 눈엣가시가 되지 않기를 바란다.

연장을 갈고닦지 않으면 녹이 슨다

정리해고가 진행 중일 때를 두고 하는 말이 아니다. 그때까지 일해 온 수개월 혹은 수년간의 시간을 두고 하는 말이다. 그리고 이것은 직장에서 오랜 시간 쌓아 온 기술 전부를 두고 하는 말이다.

항상 배워라. 배우지 않으면 생각보다 훨씬 높은 위험에 처할 것이다. 연장을 갈고닦지 않으면 녹이 스는 법이다. 학사나 석사 학위, MBA 또는 박사 학위를 받으면 교육이 끝난다고 생각해선 안 된다. 법학 학위를 받았다고 끝이라고 생각하는가? 틀렸다. 아직 끝나지 않았다.

끝이란 없다. 운 좋게도 비용을 거의 들이지 않거나 아예 들이지 않고도 기술을 배울 방법은 많다.

1. 회사에 비용 부담을 넘겨라

기업이 지속적으로 교육에 예산을 들이고 있는가? 그 기회를 사용해라. 기업에서 제공하는 것들을 최대한으로 활용하라. 만약 직장에서 투자형 연금제도(미국의 확정기여형 퇴직연금)를 운영한다면 활용하겠는가? 물어보나 마나 당연한 이야기다.

도대체 왜 기업에서 마련한 연수 기회를 이용할 생각을 하지 않는가? 떠먹기 좋게 잘 놓여 있는데 말이다. 이전 장에서 말했던 내용과 연결된다. 회사의 자금 사정이 어려워지면 기회가 줄어들 수 있으니 기회가 주어졌을 때 잡길 바란다. 공장 라인에서 근무를 한다면 교차 업무 교육을 활용하길 바란다. 보통 무료로 제공된다.

"저기, 공장에서 다른 일들은 어떻게 하는지 배우고 싶은데요."라고 말하는 직원에게 "안 돼."라고 대답할 상사는 많지 않다. 뭔가를 배우려는 사람이야말로 현장 감독이 된다. 공장이 돌아가는 모든 일에 대해 일하는 법을 알기 때문이다.

'여러 자격증을 따라!' 최근 전문직이 큰 성장을 보이고 있다. 내 책상에는 내 앞으로 온 편지들이 수북하게 쌓여 있다. 다른 대부분 전문직도 마찬가지다. 일종의 신호 장치라고 생각해도 좋다. 단순히 지식이 있다는 것을 넘어 야망과 배고픔으로 추진력과 끈기가 있음을 상사에게 알리는 수단이 되는 것이다. 인증 프로그램을 실제로 완료하기까지 몇 년이 걸리더라도 프로그램에 등록하는 것만으로도 그림이 좋다. 심지어 프로그램을 수료하지 못하더라도 말이다! 단지 그 프로그램 신청서에 이름을 올려두기만 해도 좋게 보인다. 좋게 보이고 싶지 않은가?

그렇다고 흉내만 낸다고 생각하지 마라. 실제로 수료할 의사가 없는 인증 프로그램에 등록하진 마라. 결과적으로 괴롭기만 하다. 지인 중에 공인재무분석사Chartered Financial Analyst(CFA) 프로그램에 등록했지만 과정 중 어느 부분도 제대로 따라가지 못하는 이가 있었다. 이 프로그램은 무척 어려운 금융 프로그램이었다. 대충 할 수 있는 공부가 아니다. 그는 제대로 공부도 하기 전에 이력서에 써내는 바람에 큰 낭패를 봤다. 취업 면접에서 채권 등급에 대한 지극히 기본적인 질문을 했는데 답하지 못했던 것이다. 결국 거짓말은 들통나 버렸다. 그 순간 면접은 물거품이 됐다. 그런 상황에 맞닥뜨리지 않기를 바란다. 모든 것을 알 필요는 없지만 아는 것은 있어야 한다.

직장에서 제공하는 기회
- 공장 교차 업무 연수
- 전문 자격증
- 사내 연수
- 콘퍼런스 참석
- MBA 혹은 기타 학위

직장에서 자사의 제품과 네트워크를 마케팅하기 위해 콘퍼런스 참석 비용을 대줄 수 있다. 화이트칼라 세계에서는 아주 흔한 일이다. 콘퍼런스에 참석하는 동안 자신을 널리 알리거나 자신을 고용해 줄 만한 이들과 네트워크를 쌓을 수도 있다. 물론 직장에서 기업을 홍보하라고 비용을 대준 곳에서 자신을 홍보하자니 민망하고 조심스러울 수는 있다. 하지만 그 중간에서 중심을 잡는 것이 가능하다.

어쩌면 기업에서 학위에 드는 비용 전부를 대줄 수도 있다. 어떤 선택지가 있는지 알아보길 바란다. MBA 학위 취득을 지원해 줄지도 모른다. 학위를 마치고 나면 그 빚을 갚기 위해 수년간 회사에 남아 일해야 할 수도 있다. 말하자면 '회수금'인데 내 주머니에서 직접 돈이 나가는 것이 아니므로 보통은 아주 좋은 거래라고 볼 수 있다. 대규모 컨설팅 회사 그리고 공공 회계 법인에서 이런 혜택을 주고 있다. 난 심지어 직원에게 심리학 박사 학위 취득 비용을 대주었다는 CEO를 만난 적이 있다. 내가 맥킨지에서 일할 때 우리를 알프스 샬레chalet(스위스 산간 지방의 지붕이 뾰족한 목조 주택-옮긴이)로 보내 주기도 했다.

관심 있게 들여다보기 전에는 기업이 마련해 둔 혜택이 무엇인지 알 수가 없다. 알고 나면 회사가 제공하는 기회에 놀랄지도 모른다. 무엇보다 이런 기회를 활용한다고 해서 잃을 게 없다. 회사가 비용을 내거나 보조금을 지급하는 기술 개발 기회는 훌륭한 투자 수익return on investment(ROI)이 된다. 직장에서 견디든 아니면 결국 떠나든 기술은 당신 것이다.

2. 회사가 지원하지 않더라도 교육은 필요하다

"그렇지만 제가 다니는 직장은 너무 작아서 지원은 생각할 수 없어요." 혹은 "예전에는 회사가 지원해 줬는데 불황이 닥친 지금은 지원이 끊겼어요."라며 불평하는 사람이 있을지도 모르겠다. 아쉬운 일이지만 변명이 될 수 없다. 오늘날에는 간단히 구글 검색만 해도 오픈소스로 공개된 무료 학습 자료가 무수하게 많다. 온라인 교과서, 온라인 세미나, 심지어 교육용 유튜브 비디오도 온라인에 있는데 이 모든 게 저녁 시간을 활용해 이용할 수 있는 것들이다.

이력서에 추가하고 싶은 특별한 컴퓨터 프로그램이 있는가? 무료 시험 버전을 다운로드해 보길 바란다. 30일 시범 이용 기간은 기본을 배우기에 충분한 시간이다. 그런 후에 이력서에 한 줄 추가해 보라. 이력에서 한 줄을 넣기 위해 제품에 대해 세계적인 전문가가 될 필요는 없다. 일할 때 프로그램 사용이 핵심적이지 않다면 기본 역량만 갖추면 된다. 대부분 기업에서는 일단 채용하고 나서 업무에 필요한 역량을 교육한다.

지역 대학의 수업을 하나 청강해 보라. 정규 학생이 아니어도 강의실에 앉아 수업을 들으라는 말이다. 학점을 이수하거나 점수를 받지는 못하겠지만 지식을 배우고 이력서에 한 줄을 보탤 수 있을 것이다.

많은 대학이 무료 청강을 열어 둔다. 무료가 아니더라도 비용은 적게 든다.

내가 사는 지역의 텍사스대학 오스틴캠퍼스는 한 과목을 청강하는 데 필요한 금액이 20달러에 불과하다. 알다시피 텍사스대학은 미국 최고의 공립대학 중 하나다. 비즈니스에 필요한 기술을 배우고 싶다면 회계 수업 혹은 금융 수업을 듣는 것도 좋은 방법이다.

만일 다국적 기업에서 일하고 있다면 설령 직무가 조립 라인이라고 하더라도 무슨 수를 써서라도 회사에서 제공하는 언어 하나를 습득하라. 만일 미국에서 외국계 기업을 다닌다면 본사 언어를 배우길 바란다. 삼성에서 근무한다면 한국어를, BMW에서 근무한다면 독일어를 배우길 바란다.

언어를 익히는 것은 길고 힘든 과정이다. 하지만 그 과정에 꼭 비용을 많이 들여야 할 이유는 없다. 문법과 어휘는 100퍼센트 공짜로 온라인상에 올라와 있다. 말하기는 과외 선생님을 구하거나 원어민 수업을 들을 필요가 없다. 원어민과 영어를 연습하는 한국인의 오프라인 영어 모임에 가입하거나 그 반대의 모임도 좋다. 무료로 진행되고 재밌다. 주요 도시마다 주요 국가 언어 그룹이 있을 가능성이 크다. 관련된 언어 학습에 관심이 있다는 것을 보여 주면 보다 높은 직급으로 올라가기 쉽다. 사내 데이터베이스에서 돋보이는 이력서가 될 것이다.

돈을 쓰는 데에 아쉬움이 없다면 선택지는 훨씬 많아진다. 온라인 강좌는 보통 무료이지만 명목상 강의일 수 있다. 지역 사회 대학의 야간 수업은 일반적으로 저렴하며 9시 출근 5시 퇴근의 바쁜 직장인이 들을 수 있게 짜여 있다. 만일 지원은 없지만 유익한 콘퍼런스가 있다면 참석을 위해 무급 휴가를 요청해 보라. 유급 휴가가 아니기에 임금 감소를 어느 정도 감수해야겠지만 소중한 유급 휴가를 아낄 수 있다.

물론 회의 참석이 가장 저렴한 선택은 아니다. 보통 참석을 위해 항공료, 호텔, 식사비, 회의 등록비 등이 들어간다. 그럼에도 불구하고 가장 높은 투자 수익을 남기는 일이 될 것이다. 콘퍼런스는 단지 학습이 아니라 네트워킹에 관한 것이기 때문이다.

네트워킹하기에 얼마나 좋은 기회인가! 불황의 시기를 생각하면 더욱 그렇다.

작년에 나는 밴쿠버에 있는 스크랩 재활용 산업 연구소Institute of Scrap Recycling Industries에서 초청 연설을 한 적이 있다. 해당 기업들은 폐차를 정육면체 모양으로 부수고 금속을 재활용하여 되파는 사업을 했다. 지금은 철강 및 다른 금속 값이 너무 내려가서 완전히 불황에 빠져 있다. 많은 기업이 어려움을 겪는 이때 전국 콘퍼런스에 참석할 항공료와 시간을 낼 수 있을까? 콘퍼런스에 참석한 이들은 어려움을 겪는 이들이 아니라 성과를 내는 이들이었다.

비용 들이지 않고 필수 인력으로 살아남기
- 유튜브 훈련 비디오를 시청하라
- 온라인 세미나에 참석하라
- 온라인 교과서를 읽어라
- 온라인 과정에 등록하라
- 야간 수업을 수강하라
- 지역 대학에서 청강하라
- 소프트웨어 무료 체험 버전을 다운받아 사용하라
- 외국어를 배우는 오프라인 모임에 참석하라(또는 만들어 보라!)

작은 성과를 내는 사람은 호황기에만 나타나지만 큰 성과를 내는 사람은 호황이든 불황이든 항상 있다. 그래서 네트워크를 쌓을 기회는 최악의 시기에 가장 빛을 발한다. 지역 또는 시도 단위 콘퍼런스에서 보이는 구직자들과 어울리지 말고 전국 단위 콘퍼런스에서 구직자들과 어울리길 바란다. 장담컨대 돈을 들인 가치가 있다.

내 고객 중에는 규모가 큰 은행에서 아주 중요한 위치에 있었는데, 이런 말을 남겼다.

"돈이 모이는 곳으로 가라!"

돈은 저기 촌구석 창고가 아니라 큰손들이 모인 식사 자리에 있다. 돈은 출근 버스 안이 아니라 비행기 비즈니스석에 있다. 자세한 내용은 차차 나눠 보자.

> **불황에 맞서는 커리어 전략**
> 1. 구조조정이 이미 진행되고 난 후가 아니라 구조조정까지 이어지는 수개월 혹은 수년간 해야 할 일이 바로 끊임없이 배우는 것이다.
> 2. 선택지가 얼마 남지 않았다면 자신이 가진 선택지에 집중하라.
> 3. 네트워크를 쌓고 상사 리스크를 분산시켜라.
> 4. 직장에서 꼭 필요한 사람이 돼라.
> 5. 연수 및 교육 기회를 적극적으로 이용하라.

6장

숨어라

숨는 데는 두 가지 방식이 있다. 첫째는 학교로 돌아가거나 학교에 남는 것이고, 둘째는 불황에 강한 산업에 몸을 맡기는 것이다.

2장 투우장에서 황소가 내려다보고 있다면 도망치거나 숨을 수 없다고 말한 바 있다. 말 그대로 황소의 뿔을 붙잡아야 한다.

불황도 마찬가지다. 불황에서 영원히 달아날 수도 없고, 끝까지 숨을 수도 없다. 다만 작게나마 달아나고 숨을 뿐이다. 단지 두려움에만 사로잡히지 않고 경기의 큰 그림을 의식한다면 뿔을 잡는 것은 훌륭한 동작이 될 수 있다. 이번 장과 다음 장에 걸쳐 말하고자 하는 점이다.

전략적으로 숨는 것부터 시작해 보자. 기억하라. 불황은 영원하지 않다. 불황이 오는 것이 확실하다면 가는 것도 확실하다. 연준이 금리를 낮추고 사람들이 대출을 당겨 사업을 시작할 유혹을 느낄 만큼 경기가 나빠지는 때가 올 것이다. 물가가 너무 낮아 일부 용감한 사람들은 벙커에서 빼꼼히 나와 나설 때라고 생각할 것이다. 창고에서 사다리차를 꺼내고 나무에 체리가 달리진 않았는지 살필 것이다.

경기가 전환되려면 1년이 걸릴지 혹은 2, 3, 4, 5년이 걸릴지 알 수 없지만 분명 경기가 전환되긴 할 것이다. 숨는 것이 좋은 전략이 될 수 있는 이유다. 숨는 전략은 침체에 상대적으로 강한 곳에 몸을 숨기고 있다가 경기가 회복되면 이전보다 경험과 기술을 갖춘 상태로 음지에서 양지로 나오는 것이다.

숨는 데는 두 가지 방식이 있다.

첫째는 학교로 돌아가거나 학교에 남는 것이고, 둘째는 불황에 강한 산업에 몸을 맡기는 것이다. 학교에 숨는 것부터 살펴보자.

똑똑하게 숨기 1 - 학교

학교는 늘 존재하는 선택지이다. 다른 지역에 있는 세계적 대학이든, 거리 건너에 있는 지방 대학이든, 잠옷 바람으로 노트북 접속이 가능한 온라인 학위 프로그램이든, 어디에서나 누구에게나 그리고 예산이 얼마이든 선택할 수 있다.

학교 안에 숨기의 장점은 숨어 있는 동안, 경제가 회복될 때 사용할 수 있는 기술을 쌓을 수 있다는 것이다. 교육은 커리어 계발에 항상 따라다니는 일부 중요한 것이지만, 경기가 나쁠 때는 그 역할이 두 배가 될 수 있다.

점점 더 많은 교육이 온라인으로 바뀌고 있어서 인류 역사상 학교에 가는 일이 이처럼 쉬웠던 적이 없다. 2016년 나는 분쟁 해결과 평화 구축에 관한 내용으로 석사 과정을 마쳤는데 이 모든 과정이 온라인을 통해 이뤄졌다.

당시 나는 텍사스에 살면서 캘리포니아에 있는 학교의 수업을 들었다. 당시로선 새로운 접근이었지만 오늘날엔 흔해 빠진 일이 돼버렸다. 특히 코로나19 팬데믹으로 봉쇄조치가 내려진 후로는 더욱 그렇다.

1. 학교로 돌아가기

젊은 데다 미혼에 자녀도 없다면 학교에 숨는 것은 쉬운 선택지이다. 독립된 생활을 하는 만큼 수년간 소득이 없어도 좀 더 지장을 덜 받는다.

만일 가족이 있고 중간 단계 전문직이라면 학교는 좀 더 힘든 선택이다. 이때 써 버려도 괜찮은 적금을 조금은 가지고 있어야 한다. 그렇지 않으면 한동안 배우자 소득에 의존해 지내야 할 수도 있다. 그마저 할 수 없다면 학교에 숨어 있기는 불황을 대비한 방도로 가망이 없는 선택지다. 견디거나 쌓아 올리거나 투자하는 것이 훨씬 더 좋은 선택이 된다.

자녀가 출가했다면 학교는 보다 쉬운 선택지가 된다. 아이들이 출가하면 부양할 사람이 적어지기 때문이다. 많은 50, 60대가 학교로 돌아가는 데에 장벽을 느낀다. 자기 수준이 떨어진다고 느끼거나 왠지 창피해한다. 하지만 학교는 청년들의 전유물이 아니다. 지인 중에는 50대에 기업과 황금 악수를 하고는 학교로 돌아가 박사 학위까지 기회를 잡은 이가 있다. 나의 고모할머니께서는 학사 학위를 57세에, 석사 학위를 61세에 받으셨다. 이후 84세가 되도록 일을 계속했다.

나이가 있는 상태에서 학교로 돌아간다는 것은 스스로를 다시 창조하고, 이미지를 새롭게 하고, 에너지와 야망, 추진력에 있어서 여전히 마음만큼은 어리다는 것을 보여 주는 방법이다.

나에게 귀중한 기술이 있는 한 나이는 아무도 신경 쓰지 않을 것이다. 게다가 온라인 학위 프로그램은 여러분이 뿌리를 내린 집과 이웃을 떠나지 않고도 쉽게 학교로 돌아갈 수 있게 해 준다.

나이 든 직장인이라면 더 좋은 소식이 있다. 많은 기업이 연금에서 확정기여형 퇴직연금으로 바꾼 덕분에 직원들이 본인의 은퇴를 스스로 책임지게 되었다. 그 말인즉슨 기업이 은퇴를 코앞에 둔 나이 있는 직원을 채용하는 데에 있어 망설일 필요가 없게 됐고 오늘날 나이 있는 직원을 계약직으로 채용하는 것이 아주 일반적인 현상이 되었다는 뜻이다.

프레스티지 이코노믹스에서 나는 항상 계약직 직원을 채용한다. 이들 중 상당수가 50, 60대의 노련한 전문직 종사자들이며, 9시 출근 5시 퇴근의 직장 생활을 관두고 지금은 재택근무 환경에서 잘 살아가고 있다.

2015년에 《타임TIME》지는 기사를 하나 실었는데 지금은 일상적이지만 미래에는 우스꽝스럽게 생각할 것들에 관한 내용을 담고 있었다. 그 목록에 사무실이 포함됐다. 이 같은 현상은 최근 몇 년 만에 가시화되더니 특히 코로나19 펜데믹과 경제 폐쇄의 여파로 좀 더 분명해졌다. 사실 나는 강제로 집에서 근무하게 된 이들이 사무실 환경으로 다시 돌아가리라 기대하지 않는다.

2. 학교에 남기

만일 이미 학교에 있다면? 현명한 선택은 경기가 좋을 때 졸업하는 것이다. 졸업을 몇 년 늦춰야 한다면 꼭 그렇게 하라. 예를 들어

연습 #9 : 들을 만한 교육 프로그램 알기

향후 5년 동안 임금과 직업 안정성을 높이기 위해 당신이 수료할 수 있는 정규 교육 프로그램 5가지를 나열해 보자.

1.
....
2.
....
3.
....
4.
....
5.
....

연습 #10 : 내가 추구하는 바를 제대로 알기

향후 5년 동안 임금과 직업 안정성을 높이기 위해 자신이 원하는 것을 5가지 나열해 보자.

1.
....
2.
....
3.
....
4.
....
5.
....

23세 청년이 4년제 대학 과정을 마쳤는데 경제가 몹시 어렵다고 가정해 보자. 끔찍하리만큼 일자리 시장이 어려워 대학 졸업생 누구나 취업이 하늘의 별따기다. 상황이 개선되기까지는 수년이 걸릴 것이고 그때쯤이면 '실업 흉터'가 여기저기 남을 것이다.

지금 현재 청년들의 사정이 이와 다르지 않다. 그렇다면 대학원에 진학하라. 상아탑에 몇 년 더 틀어박혀 있다가 따끈따끈한 학위증을 가지고 취업 시장에 새내기로 들어가라. 취업 시장에 재진입할 때 이력서에 먼지투성이 학사 학위와 2년간 식료품점 아르바이트 경력을 적는 대신 학사 학위에 덤으로 완전히 새로운 석사 학위를 갖게 될 것이다.

만일 대학원 과정을 전액 지원받는다면 기술을 쌓고 실업 흉터를 피하는 동시에 수입 면에서도 변변찮은 일을 하는 것보다 학생으로서 더 많은 돈을 벌지도 모른다. 난 응용경제학 석사 과정을 공부하면서 전액 지원금을 받았다. 그 대가로 유명한 오스트리아의 한 경제학자가 소유한 모든 개인 기사와 수십 개 마이크로필름 롤을 번역하는 일을 해야 했다. 그 가운데서 1920년대부터 1940년대까지의 가장 중요한 일부 작품들은 출판되었다.

무엇을 요구하든 학위 과정을 지원받는다면 마다할 이유가 없다. 박사 과정은 보통 전액 지원을 받으며 석사 학위를 받고 중도에 하차할 선택지가 있다. 이로써 언제 취업 시장에 진입할지 어느 정도 융통성이 생기기 때문에 시간을 정확히 맞출 수 있다.

학교에 남을지 말지는 고학년으로 올라가기 전에 선택한다. 만일 경제 징조가 나쁘다면 석사 학위를 신청하고, 1년간의 하찮은 알바와 실업 흉터를 피해야 할 순간이다.

3. 교육을 통해 투자 수익을 끌어올려라

ROI는 투자자본수익률을 의미한다. 이는 투자한 금액에서 얻는 수익을 말한다. 교육은 투자인 만큼 주식 시장에 투자할 때와 마찬가지로 ROI에 대해 신중하게 생각해야 한다.

내가 받은 교육에 대한 최고의 ROI가 있다.

얼마 전 나는 협상 전문가 자격증을 따기 위해 훈련을 받았다. 이틀이나 걸리는 35만 원짜리 과정이었다. 나는 그 과정에서 배운 협상력 덕분에 집을 사면서 아낀 금액만 3천만 원이 넘는다. 동전 한

연습 #11 : 들을 만한 교육 프로그램 알기

취업 시장에 진입하는 대신 중요한 기술을 쌓기 위해 수료할 수 있는 정규 교육 과정 5가지를 나열해 보자.

1.
....
2.
....
3.
....
4.
....
5.
....

푼 아끼는 것이 버는 일이라면 내가 그 수업을 듣기 위해 쓴 천 원짜
리 한 장당 적어도 8만 원 이상을 번 셈이다. 놀라운 투자 수익이다.

어떻게 그렇게 투자 수익을 낼 수 있는가? 한 가지 방법은 비용이
많이 들지만(고투자) 커리어에 아주 유익해(고수익) 비용을 만회할 만
한 학위를 선택하는 것이다. 전문직 중심의 석사 학위가 바로 그러
하다. 사업, 금융, 회계, 간호 등을 생각해 보자. 만약 간호학 학위를
딴다고 하면, 거금이 들어가는 일이지만 불황에도 끄떡없는 직종의
자격을 부여받는 셈이다. 이미 간호직에 종사하고 있다면 내과 조
교나 임상 간호사가 되기 위해 학교로 돌아가 수입을 크게 늘릴 수
있다.

경영학 석사 학위, MBA도 높은 투자, 높은 수익률 중 하나가 될 수

있다. 최고 학위는 취득하는 데 아마도 2억 원 이상 들어갈 것이다. 하지만 그만큼 수익 또한 엄청나다. 일하고 싶은 도시에서 MBA를 하는 것을 고려해 보라. 그래야 관련 지식을 배우고 도시 내의 비즈니스 네트워크에 특별히 접근할 기회가 주어진다. MBA는 1억에서 2억 원이 들어가는 비용 그 이상의 가치가 있을 것이다.

변호사라면 아마 지금쯤은 지난 불황으로 일자리가 대거 타격을 입었음을 알 것이다. 로스쿨에서 소시지처럼 JD 학위를 찍어냈고 결과적으로 마이너스 투자 수익이 난 것이다. 경쟁 우위를 생각해 LLM(법률 석사)을 받는 것을 고려해 보라. 세금과 관련해 LLM 학위를 특화하면 로펌은 항상 채용하지 않더라도 회계 법인은 분명 그럴 것이다.

이처럼 높은 수익률을 가진 교육이 있지만 꼭 그렇지 않더라도 없는 것보다는 낫다. 직업이 무엇이든 더 많은 교육을 받으면 높은 곳으로 올라갈 수 있다. 고졸학력증명서^{GED}는 없는 것보다 낫고, 전문 학사가 고졸보다 낫고, 학사 학위가 전문 학사 학위보다 낫고, 비교는 계속될 수 있다.

교육은 최대의 평준화 요인이다. 교육을 받을수록 실업의 위험은 감소한다. 교육은 높은 소득과 양의 상관관계를 가진다. 이것은 증명된 부분이다. 더 많은 교육을 받을수록 실업의 위험은 줄어들고 벌어들이는 돈은 많아진다. 도표 6-1에서는 취업 시장의 열기가 뜨겁던 2019년 코로나 이전부터 변동 사항을 볼 수 있다.

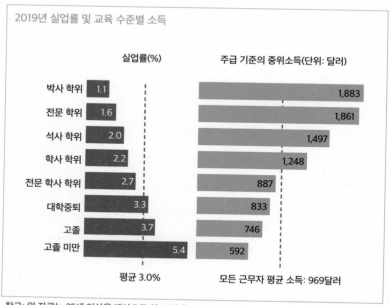

<도표 6-1> 실업률 및 교육 수준별 소득

2019년 실업률 및 교육 수준별 소득

	실업률(%)	주급 기준의 중위소득(단위: 달러)
박사 학위	1.1	1,883
전문 학위	1.6	1,861
석사 학위	2.0	1,497
학사 학위	2.2	1,248
전문 학사 학위	2.7	887
대학중퇴	3.3	833
고졸	3.7	746
고졸 미만	5.4	592

평균 3.0%   모든 근무자 평균 소득: 969달러

참고: 위 자료는 25세 이상을 대상으로 하고 있다. 소득은 전임 연구자 및 고정 급여 직장인을 대상으로 한다.
출처: 미국 노동통계국, 현 인구 조사

하지만 이러한 역학은 코로나19 펜데믹과 함께 경기 침체가 찾아온 이후에도 사실이다.

2020년 5월 기준으로 고교 졸업장이 없는 사람의 실업률은 19.9 퍼센트인 반면 고교 졸업장이 있는 사람은 15.3퍼센트, 일부 대학 졸업자는 13.3퍼센트, 학사 학위 소지자는 7.4퍼센트, 석사 학위 소지자는 5.6퍼센트에 그쳤다. 이는 2020년 5월 기준으로 고졸 미취학자의 실업률과 석사 학위 소지자의 실업률 차이가 14.3퍼센트나 났다는 것을 의미한다.

교육이 취업 시장에서 얼마나 차이를 만드는지 보이는가? 항상 ROI를 염두에 둬라. 전문적인 전략일 뿐만 아니라 교육을 추구하는 데 투자 수익을 따져 볼 수 있다.

교육에 대한 투자 수익률을 높이기 위한 또 다른 전략은 비용을 절감하는 것이다. 비용(투자)이 낮을수록 얻는 이익(수익) 또한 줄어든다. 예를 들어 대학이 대학원 진학에 전액 지원금을 제공한다면 전공 선택이 자유롭고 투자 수익도 높을 수 있다. 늘 꿈꾸던 사회학 박사 학위를 공부할 수 있고 빚 없이도 이름 뒤에 박사 타이틀을 달고 졸업할 수 있다. MBA 졸업자만큼 돈을 많이 벌지는 못하겠지만 공짜로 그 학위를 얻게 된다. 잃을 게 무엇이겠는가? 반대로 내 주머니에서 돈이 나간다면 까다롭게 굴 필요가 있다. 중세사에서 박사 학위를 따기 위해 빚더미에 앉는 것이 좋을지 생각해 봐야 하는 것이다.

비용을 절감하려면 온라인 프로그램을 고민해 보길 바란다. 2016년 교섭, 해결, 평화 구축 석사 학위를 마치기까지 나는 한 번도 교실에 직접 발을 내디뎌 본 적이 없다.

대학은 상대적으로 훨씬 적은 돈으로 수업을 제공한다. 각 과정은 약 백만 원이었고 나는 학위를 따기 위해 12개 과정을 이수해야 했다. 석사 학위 전체에 1,300만 원이 넘는 금액이었다. 푼돈은 아니지만 2억 원짜리 MBA 프로그램에 비하면 훨씬 작은 액수다.

교섭, 분쟁 해결, 평화 구축 등 석사 과정을 시작하기 전에 한 친구는 "귀찮게 그렇게 할 필요 없이 그냥 책을 사서 읽어."라고 했다. 부분적으로는 친구의 말이 옳다. 책을 읽는 것만으로도 기술을 배울 수 있고 그렇게 되면 비용을 크게 줄이고 투자 수익을 높일 수 있을 것이다. 도서관에서 책을 대출하면 금전적 투자는 영(0)이 된다. 하지만 문제가 있다. 내가 그 책들을 읽었다고 증명할 종이가 손에 쥐어지지 않는다는 것이다. 게다가 학위를 취득하는 체계적 과정과 마감일이 없다면 실제로 수십 권의 책을 전부 읽을 가능성은 얼마나 될까?

시간이 귀하고 부족한 바쁜 전문직이라면 수업에 우선순위를 두도록 외부의 압력을 받는 것은 정말 도움이 된다. 매번 읽기 과제 끝에 실린 퀴즈는 내가 모든 단어를 읽고 기억하도록 강제한다. 단체 논문과 프로젝트를 진행하면서 일과 독서를 하도록 강요한다. 마치 헬스장에 가는 것과 같다. 헬스장에 회비를 내면 그 돈만큼 시설을 이용하고 싶지만 외부 환경의 압박 없이는 우선순위를 정하기 힘들 수 있다. 함께 운동할 그룹이나 개인 트레이너가 있다면 이들은 당신에게 책임감을 부여한다. 만일 책임감을 부여해 주는 주변의 압박이 없다면 쉽게 나태해지고 평생 근육은 못 붙일 것이다.

홀로 공부하고 배우는 대신 정규 학위 과정을 밟는 것의 장점이 바로 너그럽지만 책임감을 부여하는 환경의 압박이다. 날 잡아 줄 틀이 필요하다고 해서 부끄러워할 이유는 없다. 동시 대중 온라인 강좌Simultaneous Massive Online Course라 불리는 SMOC가 도움이 될 것이다. SMOC를 수강하기 위해서는 특정 시간에 로그인해 출석을 체크하고 마감일에 맞춰 과제를 제출해야 하는 등 과정을 거치게 되어 있다. 건물 벽으로 둘러싸인 진짜 대학 교실처럼 말이다.

스스로 동기부여를 위해 그런 틀이 필요하지 않거나, 너무 바빠서 오랜 시간에 걸쳐 과정을 조금씩 따라가야 하거나, 반대로 시간이 많이 남아서 빨리 과정을 통과하고 싶다면 SMOC는 추천하지 않는다. 시간에 구애받지 않는 일반적인 온라인 과정을 각자의 속도에 맞게 따라가길 바란다.

교육 투자 수익을 높이기 위한 또 다른 팁도 있다. 투자 수익은 단순히 금전적인 것 이상이며 감정적이기도 하다. 대학 졸업장 하나 손에 쥐고 취업 시장에 들어가 수준 이하의 일을 하고 있다고 느낀다면 온라인 과정을 듣는 것만으로도 자존감을 높일 수 있다. 그 자체로 보상이 된다. 투자라고 할 때는 온라인 과정에 지출하는 비용만을 말하지 않으며 과정을 마치기까지 들어가는 피, 땀, 눈물을 모두 포함한다. 이것들이 정말 중요하다.

끝으로 받게 될 교육에서 얼마나 오랫동안 그 혜택을 볼 수 있을지 생각해 보길 바란다. 교육을 받고 얼마나 오래 긍정적인 투자 수익을 얻을 수 있는가? 몇 년 동안이나 투자 수익을 추가로 가져다줄 것인가? 교섭 전공으로 석사 과정을 절반 정도 지날 때쯤 그 과정에서 배운 새로운 기술들을 사용해 나는 돈이 거의 두 배로 불어났다. 생각해 봐라. 학위를 마치기도 전에 돈을 두 배로 불리다니. 게다가 나는 커리어 쌓기를 앞으로 30년 정도 이어가리라 기대했고 그동안 학위가 주는 혜택을 계속 누리리라 생각했다.

교육 과정의 여러 선택지를 두고 고민할 때 이 점을 고려해 보길 바란다. 엑셀 수업이나 회계 수업이 빛을 발하고 투자 수익을 내기까지 얼마나 오래 걸릴까? 아마 매우 빠르게 그럴 것이다. 언제까지 결실을 볼 것인가? 아마 오랫동안 그러할 것이다.

똑똑하게 숨기 2 - 불황에 강한 업종

또 다른 숨기 방법은 불황에 강한 업종에 종사하는 것이다. 불황에 강한 업종은 다른 업계들이 피해를 볼 때도 거의 위축되지 않는다. 그곳은 경제가 혼란에 빠졌을 때 안전한 피난처가 된다. 불황에 강한 업종을 화려하게 말하자면 경기비순행적이라는 것이다. 그리고 경제의 다른 부분들처럼 하락하지 않는다는 말이다. 경기가 나빠져도 계속 채용하는 곳이다.

어떤 업종이 불황에 강하고, 어떤 업종이 불황에 취약한지 감각을 기르기 위해 경제학 박사 학위가 필요하지는 않다.

이 모든 것이 결국 인간이 원하는 것wants과 필요한 것needs의 구도로 귀결된다. 사람들이 필요로 하는 것은 경제가 어려워도 지출을 계속한다. 하지만 사람들이 원하기만 하는 것은 경제가 어려워지면 멈출 것이다. 따라서 필요에 기반한 업종은 불황에 강하고, 욕구에 기반한 업종은 불황에 취약하다.

스스로에게 질문을 던져 보라. 사람들에게 무엇이 필요한가? 사람들은 음식이 필요하다. 건강관리와 교육이 필요하다. 이들은 범죄와 다른 나라의 침략으로부터 보호가 필요하고, 집이 불길에 휩싸이면 호스를 들고 나타날 사람이 필요하다. 그래서 식료품점, 병원, 학교, 핵심 정부 부처들은 경기 침체와 상관없이 잘 돌아간다.

스스로에게 질문을 던져 보라. 사람들은 무엇을 원하는가? 사람들은 레스토랑의 맛있는 음식을 원한다. 최신 유행하는 새 옷과 보석을 원한다. 호화로운 휴가를 원한다. 그래서 관광, 숙박 및 요식업, 소매업은 경기가 좋으면 호황을 이루지만 경기가 나쁘면 무너진다.

주택은 어떨까? 물론 사람들은 피난처가 필요하지만 큰 집이나 새집을 가질 필요는 없다. 불황기에는 새로운 가구 형성이 느려진다. 사람들은 소득이 없어서 부모님 집에서 벗어나는 시점이 늦어지고 룸메이트랑 계속 살거나 월세에서 벗어나지 못하고 지금 사는 작은 집에서 나오는 게 힘들어진다. 기업들은 신축하길 꺼린다. 그래서 실제로 주택과 건설 사업은 불경기에 실적이 매우 저조하다.

일반적으로 민간 부문 일자리는 공공 부문 일자리보다 불황에 좀 더 취약하다. 공무원은 좀처럼 해고될 일이 없다. 고용하는 속도를 늦추거나 승진하는 횟수를 줄일 수는 있어도 한 번 고용된 공무원은 쉽사리 해고하지 못한다. 정부는 단기적으로 생기는 예산 부족분을 보충하기 위해 부채를 늘릴 수 있다. 공무원 규모를 축소하면 그건 과도한 인력의 느릿한 관료제 탓에 천천히 진행될 것이다. 공무원 규모 축소는 불황 때문이라기보다는 조세에 대한 장기적인 우려나 의회나 행정 권한의 주요한 변화 때문일 것이다.

현시점에서 미군은 일종의 침체에 빠져 있다. 하지만 군 조직 역시 단지 고용을 늦추고 나이 든 직원들을 집단 해고하기보다는 천천히 은퇴하도록 내버려 둘 뿐이다.

하지만 기업은 다르다. 수익이 전부다. 수요일에 주가가 내려가면 목요일에 해고 통지서를 보낸다. 민간 부문에서 일하고 있다면 매년 상여금을 받을 것이다. 하지만 상여금을 보너스라 부르는 데에는 다 이유가 있다는 점을 기억해야 한다. 못 받을 수도 있고 경기가 나쁘면 확실히 못 받기 때문이다.

인구 통계와 관련된 모든 산업은 경기 침체로부터 안전하다. 장례 산업은 불경기에 강하다. 사람들은 항상 죽기 때문이다. 사람들은 항상 병에 걸리기 때문에 의료 분야 역시 불경기에 강하다. 장의사가 되기에도 좋은 시기다. 표현이 거북스럽지만 사실이다.

초등학교, 중학교 교육 역시 마찬가지로 불황에 강하다. 아이가 다섯 살이 되면 학교에 가야 하고, 학교에는 선생님이 있어야 한다. 그것이 법이다. 경제와는 무관한 일이다. 재산세 수입이 감소하면 고용은 느려지지만 아이들에게는 교사가 있어야 하고 한 학급당 얼마나 많은 학생이 수업을 들을 수 있는지에 대한 규정이 있어서 고용이 중단될 수 없다. 게다가 초등학교 교사들은 노조로 강하게 연대하고 있어서 불황에 강하기 마련이다.

고등교육은 초등학교와 달리 의무교육도 아니고 무료도 아니어서 불황에 상대적으로 취약하다. 원한다면 한 강의실에 500명의 학생으로 채울 수도 있으니 말이다. 만일 테뉴어tenure(대학에서 교수의 종신 재직권을 보장해 주는 제도-옮긴이)를 받는 운 좋은 소수의 교수가 아니

134

라면 시간 강사라 불리는 위치에서 낮은 급여와 직업 불안정성에 시달릴 것이다.

회계는 불황에 강하다. 왜냐고? 기업이 잘하든 못하든 얼마나 잘하고 있는지 또는 얼마나 잘 못하는지 알아야 하기 때문이다. 기업이 손해를 보고 있다면 더더욱 세금 감면 혜택을 합산해 줄 경리가 필요하다.

자신이 속한 산업이 불황에 얼마나 취약한지 이해하는 것은 안정적경제 미래를 보호하는 데 중요한 조치 중 하나다. 예를 들어, 나의 장인어른은 수년간 건설 시공사로 일하셨다. 건설업은 불황에 매우 취약하다. 경기가 어려울 때 살아남는다는 것은 계속 일자리를 옮겨 잡아야 하는 것을 의미한다. 그러나 장인은 그러길 원치 않았다. 같은 자리에 계속 머물길 원했다. 누가 그를 탓할 수 있겠는가. 하지만 결국 장인어른은 불황에 대비한 업종을 찾았고 간호 일을 위해 다시 한 번 교육을 받았다. 마침내 병원에서 기본적인 물품을 구매하는 조달 전문가로 전환했다. 병원은 아무리 경기가 나빠져도 항상 라텍스 장갑, 컴퓨터, 청진기 등이 필요하다. 결과적으로 절대 실직할 일이 없어졌다. 장인어른은 더는 경기가 어떻게 될지 우려하지 않게 되었다. 일자리를 옮겨 다닐 이유도 사라졌다. 평안한 만큼 행복해하신다.

장인어른의 이야기에서 중요한 교훈 한 가지가 있다. 불황에 강한 업종에 임시 피난처 삼아 들어가게 될지 모르지만 눌러앉더라도 놀라지 마라. 안정된 직장을 누리고 경기 상황에 신경 쓰지 않아도 되는 사치를 부리며 만족해할지도 모른다. 그렇게 되면 이 책을 집어 던지고 여생을 즐길 수 있다.

반면 모험을 감수하고 인생의 변화를 좋아한다면 호황기에는 건설업 같은 경기 상황에 민감한 업종에 있다가 불황기에는 안정적인 업종에 숨는 것이 보다 다양하고 수익성 있는 커리어가 된다. 결국엔 개인의 성격과 우선순위에 달려 있다.

코로나19 이후

사람들은 이전의 경기 순환 주기에서와 마찬가지로 충격적인 경험을 바탕으로 평생의 커리어를 결정한다. 코로나19 팬데믹을 겪고 나면 사람들은 원격업무가 가능한 필수 산업과 일자리로 몰릴 것이 거의 확실하다.

결과적으로 코로나19에 따른 경기 침체가 기술 노동자들과 필수 인력이 아닌 서비스 부문 노동자들에게 미치는 영향에서 큰 차이가 있다는 것을 사람들, 특히 젊은이들은 목도할 것이다.

전반적으로 노동자들은 앞으로 오랫동안 비필수적, 비원격 일자리를 회의적으로 볼 가능성이 크다. 코로나19 팬데믹과 이로 인한 경제 폐쇄가 커리어에 미치는 영향을 보게 될지 모른다. 그리고 그 영향은 가능하면 많은 선택지를 확실하게 남겨 두고 싶은 이들의 커리어에 수십 년간 그림자를 드리울 것이다.

불황에 맞서는 커리어 전략

1. 숨는 전략은 불황으로부터 비교적 자유로운 곳에서 머물다 경제가 회복되면 이전보다 훨씬 더 많은 경험과 기술을 안고 불황의 그림자에서 벗어나는 것을 말한다.
2. 나이가 어리고 부양할 식구가 없다면 학교에 숨어 있어라.
3. 자녀가 성장해 출가하면 학교로 돌아가라.
4. 불황에 대비한 산업(예: 정부, 의료, 교육, 기술)에서 일자리를 찾아라.
5. 코로나19의 영향으로 사람들은 앞으로 수년간 필수 인력 및 원격업무가 필요한 직장을 찾을 가능성이 크다.

7장

도망쳐라

살고 있는 지역이 혹시 불황에 취약한가? 업종은 어떤가? 상황이 나아지
고 있는 다른 지역이나 업종이 있진 않은가? 항상 곁눈질한다. 가라앉는
배에서 먼저 뛰어내리는 쥐가 최선의 결과를 얻는다.

징조가 좋지 않다면, 직장 동료들이 황금 악수를 받기 시작한다면, 도시 중심가에 문 닫는 가게들이 늘어난다면 그만두고 도망칠 수 있다. 도망치는 것은 다양한 모습을 띤다. 다른 지역으로 도망치기, 다른 직무로 도망치기, 다른 회사로 도망치기, 또는 다른 업종으로 도망치기. 이 중 두 가지, 세 가지 혹은 심지어 네 가지 전부를 해도 좋다. 두 번, 세 번, 네 번 도망치기가 쉽지 않겠지만 때에 따라 가능하다.

도망친다고 해서 겁에 질려 달아난다는 뜻은 아니다. 포기한다는 말은 더더욱 아니다. 도망치기는 신중하게 생각한 전략이다. 판돈을 끌어모으고 텐트를 더 좋은 야영지로 옮기는 일이다. 그러나 무엇으로부터 도망치는지만 생각한다면 잘못된 태도를 보여 스스로 곤경에 처할 수 있다. 무엇으로부터 도망치느냐 하는 생각만큼이나 혹은 그 이상으로 무엇을 향해 도망치느냐를 생각해야 한다.

기억하라. 가라앉는 배에서 먼저 뛰어내리는 쥐가 최선의 결과를 얻는다. 남기로 했다면 더 오래 더 열심히 일하라. 아무쪼록 배에서 뛰어내린다면 그다음 달려갈 곳에 대한 계획을 세워라.

사람들은 천성적으로 변화를 싫어한다. 잘 아는 도시와 회사를 뒤로한 채(혹은 나라나 업종을!) 떠난다는 것은 두려운 일이다. 즐겁지 않을지도 모른다. 숱한 도전과 희생이 따를 수도 있지만 생계가 달린 문제인 만큼 게을러질 수도 없고 두려움에 사로잡혀서도 안 된다.

불황에서 벗어날 기회가 있다면, 다시 말해 저축해 놓은 돈을 소진해 버리고 아이들의 미래까지 저당 잡히는 것에서 구해 줄 오아시스 같은 직장이 있다면 옮기는 것을 진지하게 생각해 봐야 한다.

내 친구가 들려준 이야기가 있다. 2001년 경기 침체 이후 회복기 당시 자신이 근무했던 컨설팅 기업 내에서 승진이 제한적이라는 것을 알게 됐다. 그 친구가 무슨 짓을 한 줄 아는가?

그 친구는 아랍에미리트의 두바이로 이주했다. 심지어 생전 가 본 적도 없는 곳이었다. 그렇지만 그 친구는 그렇게 했다. 삶의 터전을 옮긴 뒤 그곳에서의 생활은 매우 성공적이었다. 그 친구처럼 그런 기회를 놓치지 않기 위해 항상 곁눈질해야 한다.

4장의 〈연습 #6〉에서 리스크 대응으로 돌아가 보자.

살고 있는 지역이 혹시 불황에 취약한가? 업종은 어떤가? 상황이 나아지고 있는 다른 지역이나 업종이 있진 않은가? 머리부터 들이밀 필요는 없다. 그냥 발끝만 살짝 담그면 된다. 선택지를 살피는 일은 언제나 후회 없는 전략이다.

도망칠 때인가?

호황기에는 기업의 재정 상태와 살고 있는 지역에 주의를 기울여라.

	약한 지역	강한 지역
강한 기업	도망치는 것을 생각해 보라	지금 있는 곳에 머물라
약한 기업	반드시 도망쳐라	도망치는 것을 생각해 보라

불황기에는 기업의 재정 상태와 일자리가 속한 업종에 주의를 기울여라.

	약한 업종	강한 업종
강한 기업	도망치는 것을 생각해 보라	지금 있는 곳에 머물라
약한 기업	반드시 도망쳐라	도망치는 것을 생각해 보라

도망칠 땐 방향성이 중요하다

도망친다고 했을 때 물리적으로 다른 도시나 주 또는 국가로 이동하는 것이 가장 무서운 일이다. 삶의 모든 것을 변화시킨다. 직업, 집, 이웃, 친구 모임, 직업상의 네트워크, 배우자의 직업, 자녀들의 친구와 학교, 심지어 여러분의 취미와 일상생활, 그리고 사용하는 언어까지도.

이주하는 일이 쉽지 않고 모든 사람이 할 수 있는 것도 아니라는 점을 잘 안다. 하지만 누군가는 총대를 메고 말해야 한다. 아무도 이에 대해 말하지 않는 것은 유감스러운 일이다. 이주하는 것이 불황에서 살아남고 번창하기 위한 최고의 선택이 될 수도 있기 때문이다.

1. 기회는 어디에 있는가?

지금껏 내가 들은 충고 중에서 최악을 이야기해 보면, 독일어 석사 과정을 마치고 입사할 생각을 하고 있을 때였다. 나는 지도 교수에게 "직장을 어디서 구해야 하나요?"라고 물었다. 그는 웃으면서 "왜 나한테 묻는 거야? 난 한 번도 직업을 가져 본 적이 없어!"라고 말하고는 "글쎄, 취업이라면 살고 싶은 곳으로 그냥 이사 가서 합격 통보를 받을 때까지 입사 지원서를 내면 되지 않을까? 잘 모르겠네."라고 덧붙였다. 지도 교수는 좋은 사람이었고 훌륭한 학문적 조언자가 되었지만, 카드값을 내는 데에 도움이 될 만한 현실 세계에서의 답은 갖고 있지 않았다.

한 가지 교훈이 있다면 이것이다. 직장을 구하는 것에 관한 한 대학교수에게 많은 것을 기대하지 마라. 상아탑에서 그리고 테뉴어가 보장된 안락한 직장에서 너무 오래 계셨을 수 있다. 그래서 현실 세계의 커리어 문제에 관한 한 생존하는 법을 알지 못할 수도 있다.

실상은 내가 그저 원하는 곳으로 가서 직장을 구하는 것은 불가능하다는 것이다. 기회가 어디에 있는지, 일자리는 어디에 있는지 생각해야 한다.

2장에서 밝혔듯 불황이 하나의 거대하고 획일적인 게 아니라는 점을 기억하라. 수많은 사소한 것들로 구성되어 있다. 장소마다 성장의 리듬이 다르고, 경제 분위기가 다르고, 번영을 이끄는 요소 역시 다르다. 불황의 시기 동안 혹독히 시달리는 곳도 있고, 약간 고통받는 곳도 있고, 전혀 고통받지 않는 곳도 있고, 실제로 잘사는 곳도 있다.

그리고 모든 불황이 각 지역을 같은 방식으로 강타하는 것은 아니다.

미국에서 2001년의 경기 침체는 특히 IT 기업에 큰 타격을 입혔고 실리콘밸리와 텍사스주 오스틴 같은 곳의 상황은 좋지 않았다. 물론 9·11 테러 이후 뉴욕 경제가 여러 면에서 큰 타격을 입은 게 사실이다. 이것은 기술 산업과 실리콘밸리와 오스틴이 훨씬 덜 타격을 받았던 2007~2009년의 불황 이후와는 달랐다. 2008년 글로벌 금융위기로 인한 불황기 때는 일부 주택 거품이 가장 컸던 곳이 부정적인 영향을 받았다. 결국 거품은 터졌다. 여기에는 라스베이거스, 피닉스, 마이애미, 캘리포니아 일부 및 기타 많은 지역이 해당한다.

하지만 대 침체기 직후 미국 중서부는 반대로 해안보다 훨씬 강했다. 중부의 실업률은 연안 주들에 비해 훨씬 더 강했고 기회도 훨씬 많았다.

어느 곳이 호황을 누리고 불황을 겪는지 알기 위한 가장 손쉬운 방법은 주별로 세분화한 실업 수치를 살펴보면 된다. 앞서 공유했던 다른 많은 데이터와 정보들처럼 이것들 모두 무료이며 온라인에서 이용할 수 있다.

데이터를 보고 깜짝 놀라는 부분이 있는지 살펴보길 바란다. 데이터에서 봐야 할 것은 상대적으로 낮은 실업률이다. 불황이 있더라도 모든 곳을 균일하게 강타하는 것은 아니기 때문이다. 일부 지역은 다른 곳보다 사정이 낫다. 어느 지역이 사정이 더 나은지 안다면 어떤 선택을 통해 불황에 강해질 수 있는지 알 수 있다.

불황이 끝난 2009년 이후 많은 이들이 다코타나 네브래스카와 같이 외딴곳이 캘리포니아나 뉴욕보다 최근 몇 년간 상대적으로 번영의 오아시스였다는 사실에 놀랐다.

그리고 2020년 5월 실업률은 네브래스카가 5.2퍼센트인 데 반해 네바다주는 25.3퍼센트로 그 수치가 지역마다 다양했다. 코로나19 팬데믹 기간 동안 사람들이 식료품을 최우선으로 사고, 관광지를 멀리하는 상황에서 이러한 격차는 놀라운 일이 아니다.

하지만 중요하게 봐야 할 점은 각 지역이 입은 불황의 피해 정도가 왜 서로 다른지 이해하는 것이 아니다. 경제 상황이 좋은 지역을 두고 일자리를 파악하는 것만으로는 충분하지 않다. 실제 데이터를 봐야 한다. 데이터를 보면 놀라게 될 것이다. 어차피 이사를 가도 해당 지역 전체가 아니라 지역의 한 부분으로 이사를 하는 것일 테니 시별 데이터를 보는 것이 가장 좋은 방법이다.

실업률을 볼 때, 도시에 대한 데이터는 MSAs로 알려진 더 넓은 도시 지역들로 분류된다. 이를 대도시 통계 지구Metropolitan Statistical Areas 라고 부른다.

코로나19 팬데믹으로 인한 경제 셧다운이 정점을 막 벗어나던 2020년 5월의 미국 평균 실업률은 계절 변동 조정을 거치지 않고

13.0퍼센트에 달했다. 하지만 MSA의 실업률은 유타주 로건과 인근 아이다호주가 4.8퍼센트였던 데에 비해 하와이주 카훌루 와일루쿠 라하이나^{Kahului-Wailuku-Lahaina}가 33.4퍼센트로 큰 편차를 보였다. 만약 불경기에 강한 곳을 두고 고민한다면 선택권이 있는 셈이다.

결과적으로 4.8퍼센트의 실업률은 상당히 낮은 수치다. 하지만 비교해 봐야 아는 것이기도 하다. 그렇지 않으면 멋지다고 생각하며 하와이로 이사했을지도 모르는데 정착하고 나서야 3명 중 1명 이상이 실직 상태라는 것을 알게 되었을 터다.

2. 해외로 눈을 돌리다

외국으로 이주할 준비가 되었다면 나라별 데이터를 살펴보자. 세계은행에서 국가별 실업률 지표를 만든 것이 http://data.worldbank.org/indicator/SL.UEM.TOTL.ZS에 있다.

다국적 기업에서 일한다면 해외 지점으로 전근 가는 것이 좋은 방법이다. 회사가 샌프란시스코에 있는 사람들을 해고한다고 해서 그들이 두바이나 덴마크에서 미친 듯이 고용하지 않는 것은 아니다.

가족 전체가 이주하는 데에 드는 비용은 회사가 낼 것이다. 생활비도 대줄지 모른다. 아이들이 영어를 사용하는 국제학교에 다니도록 비용을 대신 낼지도 모른다. 모든 종류의 특전이 있다.

직장 동료들이 어디로 옮기는지 보라. 사람들이 런던 지점으로 뛰어드는가? 반대편으로 점프하는 사람은 없는가? 회사 내부 채용 게시판을 보라. 만약 런던 사무소는 꾸준히 고용하지만 자신이 있는 곳은 그렇지 않다면 런던 사무소가 흔들리는 동안 자신의 사무실은 파산할 수도 있다.

이직에 대해 생각해 보라. 선택의 폭이 훨씬 좁아지는 마지막 순간까지 남는 사람이 되지 마라.

외국으로 옮기고 싶다면 몇 가지 특별한 묘책이 있다. 만일 같은 회사의 해외 지사로 전근을 희망한다면 지사가 있는 나라 중 하나의 언어를 배우기 시작하라. 만약 회사가 일본에 기반을 두고 있다면 일본어를 배워라. 멕시코에서 사업을 많이 한다면 스페인어를 배워라. 다국적 네트워킹 기회를 찾아보라. 국제회의에서 떠들어야지 국내 혹은 지역 수준의 행사를 다녀야 쓰겠는가?

그 외에도 일반적인 구직 활동에 전부 참여하라. 당연한 듯 보이지만 종종 간과하는 부분이다. 이력서를 업데이트하고 언제든 보낼 수 있게 준비해 둬라. 링크드인에 가입하라. Indeed.com에 접속해라. 고수입 직장의 구직을 위한 TheLadders.com도 있다.

그리고 배움을 멈추지 마라.

"오늘의 직장을 위한 옷이 아닌 내일의 직장을 위한 옷을 입어라." 하는 사람들의 말을 들어본 적이 있을 것이다. 여기서 내가 하고자 하는 말은 현재 속한 직장에 필요한 기술이 아닌 원하는 직장에서 필요로 하는 기술을 배우라는 것이다.

한 가지 기억할 사실은 인사 담당자가 이력서를 5분이나 10분에 걸쳐 들여다보지 않는다는 것이다. 이력서를 보는 데에 고작 6초도 걸리지 않을 것이다. 적어도 TheLadders.com의 '채용자의 행동 주시'라는 연구 결과에 따르면 그렇다. 해당 연구는 채용자들이 이력서를 검토할 때의 안구 이동을 추적하여 밝힌 결과다. 사실 요즘은 6초도 채 되지 않는데 그 이유는 이력서를 처음 걸러내는 것이 로봇이 될 것이기 때문이다. 6초간 주목을 받는 대신 6밀리초의 주목을 받는 셈이다. 무자비하기 그지없는 필터를 거쳐야 하므로 이력서에 올바른 키워드를 넣는 것이 가장 중요하다.

3. 나는 어디에 살고 싶은가?

이사에 열린 마음을 갖되 자신이 가진 한계 역시 존중한다. 이 장의 훈련을 통해 어디로 이사하고 싶고 그렇지 않은지 생각해 보자. 어쩌면 전 세계를 일주하는 이들이 있을지도 모르겠다. 반면 고향에 아주 자그마한 점을 찍어 두고 벗어나지 않는 이들도 있을 것이다. 무엇이 됐든 좋다.

예를 들어 만일 가족 중 누군가가 장애가 있어 특수한 생활에 맞춰진 주택에 살아야 한다면 이사할 생각을 못 할 수도 있다. 전적으로 상황에, 필요에, 성격에 달려 있다.

헤드헌터가 자주 하는 일 중에는 가족 중 누가 대소사 결정을 내리는지, 누가 투표를 하는지 알아내는 것이 있다. 만일 독신이고 아이가 없다면 투표는 단 한 번으로 끝나고, 다른 지역으로 옮기는 데 제한을 받지 않는다. 부모님을 모시거나 배우자가 있다거나 하면 옮기는 일에 거부권을 행사할 이들이 여럿 있다는 말이고 그렇게 되면 선

연습 #13 : 크게 생각하라!

옮기고 싶은 곳들을 지도에 표시해 보자..

택권은 제한받을 수밖에 없다.

　이사 갈 능력과 의지는 결국 개인 혹은 가정의 사정에 달렸다. 선택지들을 좁히기 전에 사고의 폭과 주어진 선택지를 넓혀 생각해 보길 바란다. 눈을 크게 뜨고 생각해 보면 실제로 가장 합리적이고 가장 좋은 선택지가 무엇인지에 대해 날카로운 관점을 갖게 될 것이다. 이주해 갔을 때 얻게 될 모든 혜택과 가족 안에 투표권이나 거부권을 가진 식구들이 누가 있는지 충분히 살펴보기 전까지는 이사할 가능성을 배제하지 않는다.

다른 직업, 회사 또는 업종으로 도망쳐라

또 다른 도망치기가 있는데 이는 직업적인 면에서이다. 만일 사양산업, 멸종된 직업, 또는 실패한 회사에 몸을 담고 있다면 특정 지역에서 도망치는 것보다 더 급진적인 움직임일 수 있다. 뒤집어 말하면 도시나 집, 삶의 다른 어떤 부분을 바꾸지 않고도 명확한 실패에서 벗어날 수 있다는 뜻이다. 그렇게 되면 진정한 윈-윈이 될 수 있다.

1. 어디로 도망가야 하는가?

먼저 자문해 봐야 할 것은 '피해를 보고 있는 것이 내가 속한 업종인가 아니면 내 회사인가 그것도 아니면 회사 안에 내가 맡은 특정 직무인가?' 하는 것이다.

만일 자동차 업계에 종사하고 있고 그 업계가 잘나가지만 공장 노동자들을 로봇으로 대체하고 있다면 그 업종은 괜찮다. 위험에 처한 것은 직무뿐이다. 같은 업종 내의 다른 직업을 찾아라. 만일 택시 운전사인데 우버Uber에 비즈니스를 뺏기고 있다면 업종은 괜찮지만 택시 회사가 곤경에 처해 있다고 봐야 한다. 그렇다면 시내버스 운전을 고려해 볼 수 있다.

만일 고급 호텔 체인의 회계사인데 불황으로 회사가 큰 타격을 입었다면 문제가 되는 것은 바로 업종이다. 불황에 상당히 취약하다. 회계 일은 계속하되 식품 산업처럼 좀 더 안정적인 업종으로 전환하라. 슈퍼마켓 체인의 회계사가 되어라.

기업, 산업, 직업이 잘되고 못되고 하는 데이터는 마우스 클릭 한 번으로 무료로 이용할 수 있다. 기업들의 경우 어떤 주식이 오르고 내리는지가 가장 확실한 지표가 된다. 게다가 자신이 근무하는 회사의 전망에 대해 내부자의 관점에서 볼 수 있다. 물론 그 기업 내부의 정보를 갖고 주식을 사고팔면 불법이지만 배를 계속 탈지 아니면 뛰어내릴지를 결정하는 데 사용한다면 누가 말리겠는가! 그저 지혜롭게 살아갈 뿐이다.

특정 산업과 일자리 전망에 대해서는 미국 정부가 무엇이 호황을 맞았고 무엇이 그렇지 않은지 면밀히 추적하고 있다. 미국 노동 통계국은 분야별 일자리 증가와 예측에 관해 과거 자료를 보유하고 있다.

2. 어떻게 도망치는가?

커리어를 전환할 때 좋은 소식과 나쁜 소식이 있다. 나쁜 소식이라면 인사 담당자들이 검증된 인재를 찾는다는 것이다. 이들은 정확히 그 산업에서 그 일에 성공한 경험이 있는 사람으로 빈자리를 채우기를 원한다. 커리어를 바꾸려는 사람에게는 애석한 일이다.

말하자면 진퇴양난에 처한 셈이다. "기업은 업계에서 5년 경력을 가진 사람들을 채용하고 싶어 한다. 하지만 그 업계에서 날 뽑아 주지 않으면 나는 어떻게 5년의 경력을 쌓겠는가?"

좋은 소식은 이 장벽을 낮출 방법이 있다는 것이다. 이는 리처드 볼스의 『파라슈트: 취업의 비밀』이란 책에서 처음 소개된 아이디어이다. 약간의 설명이 필요하겠지만 이해하고 넘어가자.

자세한 설명은 생략하고 두 가지만 기억하라. 자신의 직무와 업종, 이 두 가지를 한꺼번에 바꾸는 것은 사실상 불가능하다. 반면 같은 업종에 머물면서 직무를 바꾸는 것은 그리 어렵지 않다. 직무를 지키면서 업종을 바꾸는 것도 그리 어렵지 않다.

따라서 업종과 직무 둘 다 바꾸기를 원한다면 (아주 절망적인 경제 상황에 갇혀 있는 동안은 훌륭한 조치가 되겠지만) 한 번에 하나씩 바꾸어 가면 된다. 직무를 옮기고 업종을 바꾸거나, 업종을 옮긴 후 직무를 바꾸는 것이다. 구심점이 필요한 전략이다.

3. 무엇을 할 것인가?

한 번에 하나씩 움직여라. 구심점을 만들어라. 최근 수년간 경험한 어려움이 무엇이었는지 살펴보자. 예를 들어 비디오 대여점 블록버스터 기업이 망하기 전에 종업원으로 일하고 있었다고 가정해 보자. 종말론적 심판의 사자 네 명이 오는 것을 보았을 것이다. 늘 식료품점을 운영하고 싶어 하지 않았는가? 그렇다고 당신을 고용하려는 사람은 없을 것이다. 결과적으로 매니저로서 경험도 없고 식료품점에서의 경험도 없는 탓이다. 당신을 고용하는 것이 큰 위험이 될 것이다.

글쎄, 블록버스터의 종업원에서 매니저로 올라갈 수 있었을지 모르겠다. 그러면 비디오 가게 매니저에서 식료품 가게 매니저로 넘어가면 된다. 아니면 비디오 가게 종업원에서 식료품 가게 종업원으로 뛰어든 다음에 식료품 가게 매니저로 옮겨 가면 된다. 어느 쪽이든 가능했겠지만 아마 두 단계를 거쳐 갔을 것이다.

비슷하게 2015년과 2016년 초 유가가 폭락했을 때 캘리포니아에서 석유 굴착 작업을 하고 있었다면 도망쳐 나오고 싶었을지 모르겠다. 저유가와 연준 등이 업계에 경고를 보내 석유와 가스 사업에 불황이 닥쳤음을 시사했다. 게다가 캘리포니아는 대불황으로부터 회복이 유난히도 부진했던 지역이다. 따라서 구심점을 만들기 위해서는 지역과 업종을 변화시킬 필요가 있었을 것이다.

석유와 가스에 관해 좋은 소식이 있다면 경기가 둔화하고 가격이 폭락할 때에도 중서부와 걸프만 연안의 파이프라인과 같은 일부 사업은 계속해서 운영되리라는 점이다. 그리고 때때로 파이프라인의 처리량, 즉 파이프를 통과해 나오는 석유와 가스의 양은 실제로 가격이 낮아지면 증가하는데, 이는 가격이 낮을수록 더 많은 수요를 유도

하기 때문이다.

물론 세 가지 구심점을 구상해 볼 수도 있다. 대불황 기간에 그리고 그 이후로 디트로이트는 경제적으로 가장 심하게 타격을 입은 곳 가운데 하나다. 제조업 역시 어려움을 겪었다. 그래서 2000년대 후반 디트로이트의 공장에서 일하는 노동자였다면 직업도, 업종도, 지역도 전부 위기에 처한 상황에 놓였을 것이다.

세 가지 구심점을 가지려면 현장 감독floor manager이 되기 위해(직무 변경) 교차 업무 연수를 받아야 한다. 그리고 다른 곳으로 이동해야 한다(지역 변경). 그런 후에 콜센터 매니저로 전환해야 한다(업종 변경). 몇 년이 걸릴지는 몰라도 샌드백 치듯 때리는 경제의 보이지 않는 손에 얻어맞는 것보다야 훨씬 낫다.

불 마켓과 함께 도망쳐라

나는 열여덟 살 때부터 스무 번 이상 이사를 다녔기 때문에 도망쳐 다닐 만한 좋은 이유와 그 이점을 설명하기에 내 이야기보다 더 적합한 게 있을까 싶다. 난 이 이야기를 '불 마켓Bull Market(장기간에 걸친 주가 상승이나 강세장-옮긴이)과 함께 도망치기'라고 부른다. 불 마켓은 쉽게 말해 모두가 매입에 나서는 곳을 말한다. 긍정적인 면에 초점을 두는 것이 앞서 언급한 '무엇을 향해 달리는'('무엇을 피해 달리는' 것이 아닌) 사고방식의 핵심이다.

응용경제학 석사 과정을 마치고 나는 샬롯의 와코비아 은행의 수석 경제학자에게 고용되어 기업과 투자은행에서 일했다. 그곳에서 일하던 2007년 말은 세계 금융위기가 뚜렷하게 가시화되고 있었다. 은행 업무의 끝이 순조롭지 않으리라 직감할 수 있었다. 큰 불황이 다가오고 있음을 알 수 있었다. 알다시피 당시 은행들은 자산담보증권asset-backed securities과 모기지담보증권mortgage-backed securities을 번들bundle 형태나 분할 발행 형태로 팔고 있었다.

은행들은 저당을 받고, 얇게 저민 다음 아무도 알아듣지 못하는 방식으로 팔았다. 이런 금융 패키지를 내 방식대로 묘사하자면 '개똥으로 만든 웨딩 케이크'다. 한입을 베어 물고 그 안에 무엇이 들어 있는지 모를 때는 예뻐 보인다. 재료로는 세계 최고 수준의 설탕 한 그릇(AAA 등급 담보대출), 적당히 괜찮은 밀가루 한 포대(BBB 등급 담보대출), 개똥 한 더미(정크본드 담보대출)가 들어간다.

2007년 8월이었다. 유럽의 한 펀드매니저가 이런 쓰레기 케이크를 한입 먹어 보더니 드디어 안에 무엇이 들었는지 알아냈다. 그는 경보를 울렸다. 며칠 지나지 않아 미국의 연준과 유럽중앙은행은 세계 경제에 수천억 달러를 투입해 상황을 유지시켰다. 시장의 큰손들이 겁을 먹고 너도나도 현금화하자 절박한 시기에 내린 절박한 조치였다. 어떤 투자자라도 이를 보고는 적색경보라 생각할 것이다. '팔아라, 팔아라, 팔아라' 하는 외침이었다.

기업리스크위원회의 월요일 모임에 참석한 것이 기억난다. 최고리스크 책임자를 비롯해 모두가 그냥 겁에 질려 있었다. 이들은 미국에서 가장 큰 은행의 위험 관리자였다. 이들은 두려움에 떨었다.

다음 날 나는 팀원, 상사, 상사의 상사, 상사의 상사의 상사와도 회의했다. 나의 상사의 상사의 상사도 겁을 먹었다. 그는 유령처럼 창백해졌고 심각하게 발을 빼야 할 때가 왔음을 알고 있었다. 기업의 내부 정보를 가지고 주식 거래를 할 수는 없었지만 분명 내 경력에 변화를 줄 수는 있었다. 나는 도망치기로 결심했다.

1. 어디로 도망칠 것인가?

다행히도 같은 대학원 출신의 한 친구가 최고의 컨설팅 회사인 맥킨지 앤 컴퍼니의 독일 지사에서 일하고 있었다. 그와 그의 동료들은 나를 채용하려고 노력해 왔고 그들은 나를 채용할 5~10명의 명단에 들어가 있었다.

이것이 분기점이었다. 화요일에 상사의 상사와의 회의가 끝난 후 나는 내 친구를 불러 금요일에 독일 쾰른에서 면접을 보았다. 다음 날 나는 바로 유럽행 비행기에 올랐다. 나는 직장을 얻었다.

협상은 미미했다. 난 어쨌건 빠져나와야 했기에 그리 협상력을 갖지 못했다. 독일로 향하는 배에 내가 가진 모든 것을 함께 실었다. 면접부터 첫 출근까지 그리고 다른 대륙에 가서 살기까지 한 달밖에 걸리지 않았는데 정말 말도 안 되는 일이었다. 정말 도망쳐 나와야만 할 것 같은 상황이었다. 주주들은 겁을 먹었고 곤두박질칠 상장회사였다.

어디로 도망치는지도 중요하다. 그곳은 소유주가 장기간 유지될 개인 소유 회사였다. 게다가 난 독일어 석사 학위를 받았고 블룸버그 독일 TV와 인터뷰를 한 적이 있었다. 와코비아를 대신해 독일의 임원들과도 여러 차례 만났다. 나는 내가 무엇을 향해 가고 있는지 알고 있었다.

2. 불황으로부터 다시 도망치기

독일 맥킨지에서 일자리를 잡고는 가슴을 쓸어내렸다. '난 이제 안전해.' 더는 쓰레기 케이크가 따라오지 못할 것 같았다. 하지만 정말 그랬을까? 나는 맥킨지 회사의 리스크 프랙티스^{Risk Practice}에서 일했고, 2008년 봄에는 프랑크푸르트 외곽의 팔켄슈타인성^{Castle Falkenstein}에서 미팅을 가졌다. 그 회의에서 몇 가지 충격적인 정보를 얻게 됐다. 그 모기지 담보 증권의 가장 큰 구매자가 독일 은행이었다. 이들은 쓰레기 케이크를 산 것이다. 쓰나미가 독일 해안에 다다랐다. 다시 도망칠 시간이 왔다.

팔켄슈타인 성에서 만난 지 며칠이 지나지 않아 나는 미국으로 돌아가고 싶다고 조용히 요청했다. 맥킨지의 뉴욕 사무소는 이직 접수를 받지 않았고, 이는 무척 나쁜 신호였다. 하지만 휴스턴의 사무실은 여전히 접수를 받고 있었다. 휴스턴은 미국의 석유 수도로 당시 유가가 사상 최고치로 오르고 있었기에 충분히 이해가 되었다. 선택은 분명했다.

나는 맥킨지의 휴스턴 지사로 전근을 신청해서 받아냈다. 내가 가진 모든 것을 다시 미국으로 돌아가는 배에 실었다. 대서양을 건너

도망쳐 나온 두 번째였고 마찬가지로 불황을 피해 도망쳤다. 또한 나는 기회를 향해 도망쳐 간 것이기도 했다. 그리고 텍사스에서 그 기회를 찾았다.

3. 휴스턴에서 또다시 오스틴으로 대탈출

악인을 위한 휴식은 없다. 휴스턴에 도착한 지 얼마 되지 않아 미국은 불황이 한바탕 휩쓸고 있었다. 유가마저 피해를 보고 있었다. 맥킨지의 휴스턴 지사는 허리띠를 졸라맸다. 상여금과 승진은 좀처럼 찾아보기 힘들었고 대부분 동료는 별도의 수당 없이 하루 16시간씩 일했다. 그건 나쁜 신호다. 다시 도망칠 시간이었다. 나는 퇴직 장려 지원금을 요청했고 매우 좋은 조건으로 받았다.

그때가 프레스티지 이코노믹스를 시작한 시점이었다. 어디서든지 그 사업을 운영할 수 있었기 때문에 어딘가 뚜렷이 도망칠 곳이 따로 있지는 않았다. 나는 지리적으로 제한받지 않고 무한정 많은 선택지를 갖게 됐다. 그래서 한 가지 필터링의 과정을 거쳤는데 이는 사업을 시작하는 사람이라면 추천하는 바다.

첫 번째 필터링 과정은 나의 네트워크가 어디에 있는지 자문하는 것이었다. 답은 모스크바, 프랑크푸르트, 런던, 뉴욕, 샬롯, 휴스턴이었다. 나는 미국에서 살기를 원했고, 그래서 선택지는 세 군데로 좁혀졌다. 뉴욕, 샬롯, 휴스턴. 하지만 나는 따뜻한 곳에서 살고 싶었으므로 뉴욕은 탈락했다. 또한 경제 상황이 좋은 곳에서 살고 싶었기 때문에 샬롯 역시 탈락했다.

맥킨지를 그만두자 휴스턴에는 더 이상 나를 붙들고 있는 것이 아무것도 없음을 알게 됐다. 오스틴은 휴스턴과 가깝고 물가가 더 싸다. 그래서 난 오스틴에 살면서 더 나은 삶의 질을 더 낮은 비용으로 누릴 수 있었다. 휴스턴의 경제는 경기 변동에 취약한 유가에 의존하고 있다. 반면 오스틴은 주정부, 거대한 의료 분야, 규모 있는 공립대학에 의존하고 있다. 이것들 모두 불황에 강한 산업들이다. 그래서 난 오스틴과 오스틴의 안정적인 경제 안으로 도망쳤다.

오스틴에서 지내는 것이 행복하지만 혹시 또 모를 일이다. 다시 움직여야 할 수도. 누구나 마찬가지다.

불황에 맞서는 커리어 전략

1. 도망치는 방법은 다양하다. 다른 지역으로, 다른 직종으로, 다른 기업으로 혹은 다른 업종으로 도망칠 수 있다.
2. 어딘가를 피해 도망치는 것보다 어딘가를 향해 도망치는 일에 집중하라.
3. 실업은 지역, 산업, 직업에 따라 크게 달라지며 짐을 싸고 움직이기 전에 필요한 사전 조사 또한 다르게 이뤄져야 한다.
4. 변경할 기회가 많을수록 더 많은 선택지를 갖는다.

8장

쌓아 올려라

스스로를 쌓아 올린다는 것은 자신의 기술과 신용, 네트워크를 만든다는 것을 말한다. '나'라는 기업을 성장시켜 새로운 시장에 내놓는 것이다.

불황이 닥치면 선택지가 사라진다. 무언가를 쌓으면 선택지는 다시 나타난다. 현명하고 올바르게 쌓아 올리면 현재 직장에서 견뎌야 할 필요도 없을 것이다. 다른 선택지를 갖기 때문이다.

학교에 숨을 이유도 없다. 경기가 안 좋을 때도 돈을 벌 수 있기 때문이다. 도망칠 필요도 없다. 지금 당장 이곳에서 성공할 수 있기 때문이다.

스스로를 쌓아 올리거나 자기 밖의 무언가를 쌓아 올릴 수 있다. 바로 비즈니스이다. 각각을 차례대로 살펴보자.

나를 성장시켜라

스스로를 쌓아 올린다는 것은 자신의 기술과 신용, 네트워크를 만든다는 것을 말한다. '나'라는기업을 성장시켜 새로운 시장에 내놓는 것이다. 그리고 자신의 브랜드를 확장하는 것이다. 이렇게 할 때 자신이 가진 선택지들을 열린 선택지로 둘 수 있다. 실업의 가능성을 줄이게 된다.

그뿐만 아니라 실업의 기간도 줄이게 된다. 그렇게 되면 실업 흉터를 최소화하고 장기적인 수입에 미치는 끔찍한 영향 역시 줄어든다. 내 장인어른의 이야기를 기억해 보라. 건설 시공사에서 간호사로 그리고 다시금 병원의 물품 구매 매니저로 변신했다. 도망치는 전략이었지만 새로운 것을 배움으로써 자신을 쌓아 올리는 시간을 통해 가능한 일이었다.

교육은 고등학교나 대학으로 끝나지 않는다. 평생 계속된다. 내가 은행 일을 하던 당시 다음과 같은 명제는 불문율이었을지 모른다. 승진하길 바란다면 먼저 또 다른 학위, 또 다른 자격증, 또 다른 전문 자격증을 취득해야 한다. 의료, 금융, 무역, 기업 전략, IT 분야 모두 마찬가지다.

1. 게으른 백수가 되어선 안 된다

솔직해져 보자. 여러분이 수개월 혹은 수년 동안 일을 하지 않았다고 해서 당신을 탓할 사람이 누가 있겠는가. 단지 탓할 것이 있다면 그 세월을 소파에 앉아서 치토스를 먹으며 드라마 재방송을 보면서 보냈다는 것이다. 여러 가지 다른 모습으로 자기 계발을 하며 그 시간을 보낼 수 있었기에 탓하는 것이다. 드라마 재방송을 보는 것은 분명 거기에 포함되지 않는다.

어느 시점부터 프레스티지 이코노믹스는 한두 가지 스카우트 프로젝트를 진행했다. 우리는 대기업들이 세계적인 경영 인재를 찾도록 도와주었다.

높은 성과를 낸 인재 중에도 간혹 3년 전 실직해 이력서에 거대한 구멍을 만드는 경우가 있었다. 3년 내내 아무것도 하지 않은 것이다.

회사란 자고로 분주하고, 추진력 있고, 에너지 있고, 간절함이 있는 사람을 고용하고 싶지 않겠는가.

채용 담당자가 한동안 실업 상태에 있던 것을 발견한다면 이력서를 회람 파일에 넣지는 않겠지만 "그 기간에 자기 계발을 위해 무엇을 했는가?" 하고 물을 것이다. 그 같은 질문에 확고한 대답이 필요하다. 아무리 사소하더라도 이력서에 한 줄 올려라. 온라인 과정이라든가 짧게 손대던 언어라도 좋다. 친구 중에는 졸업한 지 15년 만에 MBA를 하기 위해 학교로 돌아간 친구도 있다. 절대 늦지 않다.

2. 자기 계발의 비용을 아껴라

5장을 읽으면 내 주머니에서 돈을 많이 꺼내 쓰지 않고도 실력을 쌓는 방법에 대한 아이디어를 충분히 얻을 수 있다. 여기에 몇 마디를 덧붙이고자 한다.

호황기에는 회사에 교육비를 부담하게 하라. 예산이 있을 테니 말이다. 아무리 경기가 좋아도 조만간 불황이 찾아올 테니 기다리지 마라. 할 수 있을 때 무료 교육을 활용하라. 자원봉사에 참여하라. 비용이 들지 않으며 지역 사회에 긍정적인 영향을 끼친다. 게다가 돈 받고 하는 일이 아니므로 고용 상태에서는 할 수 없는 온갖 일들을 경험할 수 있다.

금융 분야로 뛰어들고 싶은가? 무료 급식소에 찾아가 예산 계획과 관련해 도움이 필요한 것은 없는지 물어보라. 안 된다고 할 이유가 있겠는가. 마케팅 기술을 확장하고 싶은가? 동물 보호소에 문의해서 전단지와 페이스북 페이지 관련으로 도움이 필요한지 물어보라.

비영리 단체들이 경험도 없는 사람에게 일을 맡기는 것을 보면 참 신기하다. 이사회에서 일할 수도 있다. 상상해 보라. 이력서에도 잘 어울리고 단체에 관심을 보이는 사람이라면 누구나 함께할 수 있다.

나는 휴스턴의 동물학대방지협회Society for the Prevention of Cruelty to Animals(SPCA)에서 개를 조련하는 자원봉사 활동을 했다. 그곳에서 나는 직장을 얻은 것은 아니지만 값진 소프트 기술을 좀 배웠다. 중요한 것은 인내심이다.

자원봉사는 내가 7장에서 말했던 구심점을 이중으로 만드는 좋은 방법이다. 직장에 들어가고 싶은데 경력 없이는 채용되지 않아 이러지도 저러지도 못하는 상황에 놓여 있다고 치자. 이에 대한 해결책은 비영리 단체에서 자원봉사를 하면서 원하는 직장의 일을 이미 해냈음을 채용담당자에게 보여 주는 것이다.

나는 현재 텍사스문화회관Texas Lyceum에서 재무 담당 부사장으로 재직하며 투자위원회를 구성하고, 투자 정책을 만들고, 감사위원회를 구성하고, 조직에 대한 감사 절차를 시작했다. 이 모든 것들은 재정 능력을 쌓고 증명할 엄청난 기회다. 영리기업에서는 쉽게 주어지지 않았을 일이다.

3. 평범함에서 벗어나라

쌓아 올리는 기술에는 밖에 나가서 눈에 띄는 것이 있다. 불황기에는 많은 이들이 일자리를 찾고 채용 담당자들은 수많은 이력서의 폭탄을 맞기 때문에 특히나 경기 침체기에는 중요하다.

물론 기업은 최고의 선택권을 갖지만 그렇다고 이들의 삶이 더 쉬워지는 것은 아니다. 그저 더 많은 이력서 더미를 파고들어야 할 뿐이다. 게다가 불황기에 회사는 인사과를 축소하려는 경향이 있다. 신입사원을 많이 뽑지 않기 때문이다. 그러니까 절반의 인사과 인력이 두 배나 많은 입사 지원서를 검토한다. 그들은 불평하고, 과로하고, 엉성하게 일한다. 한 이력서당 쏟는 6초마저 3초로 줄여서 대충 훑어볼 수도 있다. 불경기는 인사과 사람들에게 지칠 수 있는 시간이다. 그렇다면 이런 조건 속에서 어떻게 취업할 수 있을까?

인사과 사람들이 입사를 막거나 적대적으로 대한다고 생각하지 않길 바란다. 있는 그대로 바라보자. 당신과 똑같은 사람으로 말이다. 업무상 숨겨진 보석 하나를 찾기 위해 이력서 수백 개를 훑어보며, 지루하고, 힘들기만 하고 보상은 못 받는 그런 일을 한다. 그러니 자신의 이력서를 알아주지 않았다고 해서 그들을 미워하지 마라. 대신 이들을 도와주어라. 그들의 눈길을 끌 수 있게 이력서를 만들어라. 그렇게 하는 좋은 방법은 교육을 계속 받고, 꾸준히 학습하고, 이력서에 이들이 찾는 키워드와 자격증으로 가득 채우는 것이다.

또한 헤드헌터에게 연락하길 두려워하지 마라. 여기서 말하는 헤드헌터란 잡다한 이력서를 모으는 헤드헌터가 아니라 지원자와 직장을 연결해 주는 헤드헌터를 말한다. 후자에게 전화를 걸고, 전자에게는 하지 마라.

헤드헌터가 하는 일은 구직자와 채용을 원하는 사람 사이의 틈을 메우는 것이다. 서적 에이전트나 다른 서비스 기반의 중개인과 크게 다르지 않다. 훌륭한 헤드헌터라면 이력서를 적합한 손에 잘 넘겨줄 것이다. 그것도 아주 많이. 자신의 이력서를 가지고 있는 사람이 많을수록 좋다.

4. 미친 듯이 네트워크하라

네트워크를 쌓는 것은 스스로를 쌓아 올리는 데 있어 큰 부분을 차지한다. 진부한 말이지만 사실이다. 천 번은 더 들어봤다는 것도 안다. 하지만 너무나 근본적이고 또 너무나 자주 무시되기 때문에 반복해서 말할 수밖에 없다.

아직도 전화를 걸어 사람들에게 연락하고, 이메일을 보내 콘퍼런스에 등록하는 대신 손에서 책을 내려놓지 못하고 있다면 반복해서 이야기해도 부족하지 않다. 업계 콘퍼런스에 참석해서 큰손을 찾아라. 그리고 네트워크를 쌓고, 네트워크를 쌓고, 또 네트워크를 쌓아라.

언제든지 연락해 일자리를 구할 수 있는 5~10명 정도의 명단을 만들어라. 블루칼라든, 화이트칼라든, IT 업계에 종사하든, 화장품 관련 일을 하든 그 명단이 필요하다. 명단이란 상황이 나빠지면 도움을 구할 수 있는 깊고 의미 있는 사업 관계에 있는 사람들을 말하는 것이다.

어렵게 들릴지 모르지만 그 5~10명의 사람들이 CEO나 대단한 사람일 필요는 없다. 그들의 직업 역시 꿈의 직업일 필요는 없다. 명단

중 한 명이 이종사촌일 수도 있다. 상황이 정말 어려워지면 일하러 갈 수 있는 편의점이 될 수도 있다. 그래도 괜찮다. 그중 한 명은 회계 사무실에서 일하는 어머니일 수도 있고, 아르바이트로 고용되어도 좋다.

그것 역시 직업이다. 그게 중요하다. 만일 5~10명의 명단이 없다면 이 책을 내려놓고 콘퍼런스에 가야 하고, 뒤풀이에 참석해야 한다. 나의 커리어 문제가 달려 있는 만큼 네트워크에 나서야 한다.

학교 다닐 때는 보통 그러한 명단과는 완전히 동떨어져 산다. 만나는 사람이라고는 정규직 일을 하지 않는 다른 학생들과 온 세상으로부터 현저히 고립되어 상아탑에서 피난처를 찾은 교수들이다.

그렇게 학교를 졸업하고 나면 명단에 이름 하나도 적지 못할 수 있다. 이는 갓 졸업해 직장 구하는 것을 큰 어려움으로 만든다. 캠퍼스 내에서 명단을 찾는 것은 이를 극복하는 좋은 방법이다. 가능한 한 캠퍼스 내 구직 이벤트에 많이 등록하라. 그런 다음 졸업하기 전에 일자리를 확보하라. 그래서 커리어 전망과 미래의 잠정적 수입을 불황의 위험으로부터 막아내라.

만일 영프로페셔널young professional(고수입의 안정적인 전문직을 추구하는 대학생-옮긴이)이거나 새로운 커리어에 도전한다면 명단에 두세 명뿐일 수 있다. 이때 헤드헌터들이 중요해진다. 이들의 일이 명단에 사람들을 추가하는 것이다.

평생 교육 프로그램 또는 기업이 지원하는 훈련 프로그램에 참여하는 것도, 직업이 있는 사람들을 만나는 것도 좋은 방법이다. 직업이 있는 사람들. 이들이야말로 우리가 만나야 할 사람들이다. 직업이 없어도 좋은 친구일 수 있지만 좋은 사업 동료는 못된다.

명심할 한 가지는 네트워크를 쌓기에 좋은 시기는 불황기가 아니라는 점이다. 네트워크를 연결하기에 좋은 시기는 호황기이다. 그래야 불황이 찾아올 때 도움을 받을 수 있다.

우리가 그들을 도울 수도 있다. 도움을 받기만 바라는 이기적인 일이 아니다. 경기 침체기에 네트워크를 구축하면 자신과 같은 처지의 많은 이들, 즉 취업을 격려하고 또 격려받는 이들을 만나게 될 것이다.

커리어에 네트워킹이 어떻게 큰 도움이 되었고 그것을 실현하기 위해 어떤 노력을 해야 했는지 내 이야기를 하나 들려주겠다.

와코비아의 샬롯 지사에서 일할 당시 석유 업계의 거물이 모두 온다는 OPEC 회의에 참석하기 위해 직장에 비용을 요청했다. 직장에서는 한 차례 비용을 댔지만 그 이후로는 시간을 할애할 만한 가치가 없다고 여겼다. 하지만 난 어쨌든 갔다. 휴가를 신청해 내 돈을 내고 회의에 참석했다. 나는 내 커리어에 투자했다. 말 그대로 궁전에서 사우디와 쿠웨이트인들 그리고 OPEC 내의 다른 모든 각료 단체와 대표단과 만찬을 가졌다.

진정한 네트워크란 바로 이런 것이다!

나는 빈에 있는 유럽에서 두 번째로 큰 궁전인 쇼앤브룬^{Schonbrunn}에 있었는데 모차르트처럼 차려입은 종업원들이 저녁 식사를 날랐다. 복도 한쪽 끝에는 쿠웨이트 국립 필하모닉이 연주되고, 다른 쪽 끝에는 빈 교향곡이 연주되었다. 저녁 식사가 끝날 무렵, 종업원들은 파티를 위해 선물 주머니를 나눠 주었다. 작고 검은 가죽 상자였다. 상자를 열었을 때 숨이 턱 막혔다. 상자 안에는 행사를 기념하는 금화가 들어 있었다. 단단하고 금으로 빛나는 동전 말이다.

그곳은 파티장이었고 네트워크를 형성하기 위한 장이었다. 그런데 내가 지출한 비용은 얼마였을까? 거의 내지 않았다. 항공사의 마일리지 서비스를 이용해 항공권을 구매했고 값싼 호텔에서 숙박했다. 당시 에너지 분석가인 동료는 내 돈과 시간을 들여 콘퍼런스에 다니는 것을 두고 크게 한소리를 했다.

그런 그는 지금 무엇을 하고 있을까? MBA를 마쳐갈 즈음 그는 10년 후 거물이 될 만한 20대 후반의 남자들과 어울리기 위해 수십만 달러는 썼을 것이다. 그러는 동안 나는 왕족, 외국의 석유 장관, 유수 석유회사들의 에너지 분석가들과 어울리기 위해 천 달러를 쓰고 있었다.

그러니 최고 수준의 MBA에 수십만 달러를 쓰기 전에 생각해 보길 바란다. 네트워크 구축을 위해 비용을 거의 들이지 않고 지금 당장 시작할 수 있는 또 다른 투자가 있는지, 심지어 MBA 입학시험인 GMAT 시험을 보고 6개 학교에 지원비를 내는 비용도 업계 콘퍼런스에 가는 비용보다 더 많이 든다.

알다시피 난 정규 교육을 아주 좋아한다. 그리고 MBA와 다른 전문 학위들이 확실한 투자 수익을 내는 것들이지만 유일한 방법은 아니다. 직업적으로 앞으로 더 나아가기 위해 마련된 천편일률적인 방편들을 경계하라. 게다가 MBA의 진짜 목표는 네트워킹에 시동을 걸기 위함이고, 지금 당장 그렇게 하는 더 빠르고 저비용의 다른 방법이 있을지도 모른다.

금융계에서 종사하는가? 그렇다면 AFP, 금융전문가협회Association of Financial Professionals로 가라. 회계 담당자, 자금관리이사CFO, 그리고 최고 회계사들을 만날 수 있다.

글로벌 금속 산업에 종사하고 있다면 런던금속거래소 위크London Metal Exchange Week에 가봐야 한다. 어떤 분야에서 일하든 관련 콘퍼런스가 하나씩은 있다. 거물급이 나타나는 전국 혹은 국제 단위의 콘퍼런스로 가 보자. 그들을 만나 이야기를 나누고, 탁월한 모습을 보여줘라.

만일 직장에서 거물급이 참가하는 콘퍼런스에 갈 수 있도록 비용을 지원하지 않는다 하더라도 어쨌든 참석하라. 1, 2천 달러는 거물들과 어울리기 위한 작은 입장료다. MBA에 지출할 금액에 비하면 극히 일부분이다. 단 더 나은 직장을 얻으려고 회의에 간다는 것을 너무 티 내지 말길 바란다. 상사에게는 그곳에는 쌓고자 하는 기술과 지식이 있고, 그것이 상사와 팀에게 어떤 혜택을 줄 것인지 강조하라.

5. 다른 무엇보다 가장 강력한 조언

나의 가장 큰 비밀을 누설할 참이다. 너무나 강력하고 거의 알려

지지 않은 커리어 쌓기의 비법이어서 이 책에 넣을지 말지 갈팡질팡했지만 공개하겠다.

내 비밀은 이것이다. 항공편을 이용할 때 '비즈니스 클래스를 이용하라!'는 것이다. 이 책에서 한 가지를 배워간다면 구직을 위해 마련하였던 5~10명의 명단 외에, 바로 이것이다.

비즈니스 클래스에 올라타라!

안다, 미친 소리처럼 들린다는 걸. 누가 비즈니스 클래스에 날릴 돈을 갖고 있겠는가? 그냥 살아남으려는 것이다! 하지만 분명히 말하지만 비즈니스 클래스는 여러분이 앞으로 할 모든 네트워킹에 최고의 투자 수익을 제공할 것이다.

요즘은 비행기를 많이 타지 않는다. 하지만 코로나19 팬데믹 이전에 나는 비즈니스 클래스만 타곤 했다. 그것이 비단 더 편해서만은 아니다. 거물급 인사들이 앉아 있기 때문이다. 비즈니스 클래스에서는 누구를 만나는가? 비행할 예산이 있는 사람들을 만난다. 만약 비즈니스 클래스를 탈 만큼의 예산이 있다면 아마도 누군가를 고용할 예산도 있을 것이다. 아마도 이들은 훌륭한 네트워크, 훌륭한 직업, 많은 권력, 또는 세 가지 모두를 가지고 있을지 모른다. 이들은 대개 최고경영자CEO, 최고운영책임자COO, 자금관리이사CFO 등 C로 시작하는 최고 임원들이다.

L.A.로 향하는 비행기에 타는가? 아마 연예계나 음악계의 간부 옆에 앉을 것이다. 휴스턴으로 가는 비행기에 타는가? 석유 사장 옆에 앉을지도 모른다. 그리고 성공한 영업사원을 많이 만날 것이다. 세일

즈 분야에서 일하고 싶은 이들이라면 비즈니스 클래스에 올라타는 속임수는 특히나 좋게 작용할 것이다.

물론 말도 안 되는 소리다. 영어를 못 하는 사람 옆에 앉거나 거물급 배우자나 부모 혹은 자녀 옆에 앉을 수도 있다. 이것은 예외다. 그럼에도 가능성은 충분히 있다. 나는 꽤 오랫동안 비즈니스 클래스를 이용해 왔는데, 75~80퍼센트는 매우 진지한 사업가 옆에 앉았던 것 같다. 평일에 어떤 모임이 있는 도시를 오가며 비행기에 오른다면 승산은 더욱 높다.

물론 이들을 회의에서 만날 수도 있지만 그렇지 않을 수도 있다. 최고위층 사람들은 항상 회의에 참석한다. 이들이 비행기에 앉아 있는 시간이야말로 통화 중이거나, 회의 중이거나, 시간을 뺏고 싶어 하는 다양한 사람들에게 둘러싸이지 않는 시간이다. 그 시간이야말로 다가가기 좋은 시간 중 하나다. 한두 시간 혹은 세 시간을 방해받지 않고 일대일의 시간을 가질 수 있다. 이건 매우, 매우 드문 기회다. 그리고 높은 투자 이익을 얻을 수 있다.

또 다른 장점이 있다면 비즈니스 클래스 탑승객들은 "내 옆자리 사람이 실직해 구직 활동을 하고 있구나." 하고 생각하지 않는다는 것이다. 이들은 "내 옆자리에는 비즈니스 클래스를 이용할 정도로 여유가 있는 사람이 앉아 있다. 내 옆자리는 사람들이 찾는 중요한 일을 하는 사람일 것이다."라고 지레짐작한다. 다른 사람들이 우리를 찾고 필요로 한다고 생각하면 옆자리의 그 사람은 훨씬 더 우리를 원하고 있을 것이다.

비즈니스 클래스 비행은 운이 좋지 못해도 성공하기 마련이다. 그리고 비즈니스 클래스는 구직을 위한 게릴라 전략이다. 탑승객 중 누구도 우리가 구직 활동을 하고 있으리라고는 결코 생각하지 못할 것이다!

이것은 마치 원하는 직업에 맞게 옷을 입는 것과 같다. 원하는 직장이 있는 곳에 앉아 있으라. 나는 비행기 앞 좌석에서 많은 고객을 만났다. 만일 내가 실직자가 된다면 일등석을 타고 몇 번 비행한 후에 취업 제의를 받을 것이다. 만약 여러분이 여전히 "하지만 그것은 너무 비싸!"라고 망설인다면 이런 식으로 생각해 보자.

일등석에 탑승할 정도의 사람이면 매년 자기 자신을 계발하고, 네트워크를 쌓기 위해 일부 돈을 떼어 둔다. 그러기 위해 예금에서 꺼내 쓰더라도 말이다. 예를 들어 맥킨지에서 종종 내부적으로 인용한 숫자에 따르면 회사는 직원들의 지속적인 교육을 위해 직원 한 명당 매년 약 3,000만 원을 지출한다는 것이다. 그만큼 중요하다.

한 해 동안 당신이 120만 원을 적립했다고 가정해 보자. 그리고 당신은 이미 직업상 자주 출장을 간다고 치자. 비즈니스 클래스로 업그레이드하는 데 편당 12만 원 정도가 든다면 120만 원의 예산으로 열 번의 중요한 비즈니스 관계를 위한 기회를 얻는다. 그중 일곱 번째 비행에서 큰손을 만나고, 그중 세 번은 관심 있는 직종의 사람을 만난다. 그중 한 명은 일자리를 제안한다. 한 명의 고객을 만나러 비행기를 타는 비용으로 혹은 한 번의 콘퍼런스에 참석하는 비용으로 우리는 직장을 얻을 수 있다. 푸드드러커Fuddruckers에서 명함을 낚는 것에 비하면 훨씬 즐거운 일이다. 그리고 다른 이유로 비행기를 타고 있다면 좌석 업그레이드는 지불할 만한 비용이고 그 돈은 매우, 매우 잘 쓴 돈이다.

전국 산업 콘퍼런스에 참가하기 위해 이미 60만 원을 냈다면 비즈니스 클래스로 업그레이드하는 데 12만 원을 더 쓰길 바란다. 그러면 같은 콘퍼런스에 참석하는 가장 중요한 인물 중 한 사람이 옆에 앉을 것이다. 그런 최고의 만남을 시작으로 네트워킹이 이뤄질 것이다.

투자 수익을 극대화하기 위해 단거리 국내선은 대개 최고의 선택이다. 장거리 국제선에서는 업그레이드 비용이 훨씬 더 들지만 혜택이 그만큼 크다. 한 사람만 옆에 앉기 때문에 8시간 안에 가능한 한 많은 네트워크를 연결할 수 있다.

단 월요일 아침이나 금요일 밤에는 비행하지 마라. 말을 걸기에는 사람들이 너무 피곤해서 한숨 자고 싶어 할지도 모른다. 게다가 대부분 고위급 임원진들은 스케줄을 정할 수 있는 수입과 권한을 가지고 있는데 그 말인즉 가족과 떨어져 있는 시간을 최소화하는 쪽으로 계획을 세운다는 것이다. 그게 무슨 말이냐면 이른 월요일이나 늦은 금요일에는 보통 임원진은 비행기를 타지 않는다. 임원진들의 비행시간은 한 주의 한가운데 그것도 하루의 한가운데일 때가 많다.

또 한 가지 기억할 점은 가족과 같이 비행기를 탄다면 업그레이드는 훨씬 더 비쌀 테고 네트워킹에 별달리 쓸모가 있지 않을 것이다. 비행 내내 아내와 네트워킹하며 시간을 보낼 테니 소득이 없다. 물론 큰손 옆자리를 사는 것은 첫걸음일 뿐이다.

두 번째는 세일즈맨십이다. 지금 영업사원이라면 무엇을 팔겠는가? 자기 자신을 파는 것이다. 그 자리에 앉기 위해 12만 원을 쓰고 한두 시간이 남았는데 시간은 계속 흐른다. 자리에 앉아서 음료 서비스를 즐기며 휴대폰으로 앵그리 버드 게임이나 하고 있을 수는 없다. 그 시간을 최대한 활용해야 한다. 흥미를 보이고, 관심을 가져야 한다. 내가 늘 대화를 시작할 때 하는 말은 "지금 집으로 돌아가는 길이세요, 아니면 집에서 나오시는 길이세요?"이다. 거기서부터 이야기가 술술 풀어져 나온다.

이것이 나의 성공 비결 중 하나다. 난 항상 앞 좌석에 앉아 있다. 그리고 거기서 여러분을 보게 되면 좋겠다!

자기 사업을 시작하라

불황일 때 우리가 쌓아 올릴 수 있는 또 다른 방법은 창업이다. 창업하는 데는 여러 가지 좋은 이유가 있다. 이것은 이력서의 한 줄을 넘어 추도사에 기릴 만한 한 줄이 될 것이다.

창업은 단순히 일이 아니라 자신의 일부가 된다. 설사 실패한다 해도 평생에 걸쳐 말하고 기억하게 될 일이다. 훗날 좀 더 통찰력 있는 사업가이자 좀 더 노련한 전문가가 될 수 있다. 다양한 면에서 훨씬 더 나아질 것이다. 없는 돈을 투자하고 집까지 잃어버리는 일이 생기지 않는 한 벤처기업을 통해 이전보다 더 똑똑하고, 더 실력 있고, 더 강해질 것이다.

내가 사업을 시작했을 때 구직에 도움을 구할 사람들 명단에 아마 5명은 올려놓았을 것이다. 하지만 이제는 사업 덕분에 적어도 50명은 가지고 있다.

창업을 한다는 것은 한편으로 자신이 지닌 가치에 대해 돈을 받는 것을 말한다. 한번 생각해 보자. 자신의 가치에 돈을 지불할 유일한 사람은 바로 자기 자신이다. 자신에게서 수익을 내지 못하는데 다른 누군가가 나에게 돈을 지불할 이유는 없다. 만일 연봉이 6천만 원이라면 당신의 실제 가치는 그보다 몇 배이다. 6천만 원을 기업에서 받고 기업은 비즈니스 활동으로 벌어들인 6억 원의 가치를 가져간다. 칼 마르크스Karl Marx는 이 같은 과정을 '소외alienation'라고 불렀다. 소외를 극복할 유일한 방법은 스스로 기업을, 즉 생산하는 모든 것을 갖는 것이다.

혹자는 말하기를, 자기만의 사업체를 갖는 것의 장점이 상사가 없는 것이라고 한다. 그건 우스운 발상이다. 누구에게나 항상 상사는 있다. 자기 기업이 있다면 소비자 또는 고객이 자신의 상사가 된다. 그리고 이들은 일반 상사가 그렇듯 나를 해고할 수 있다.

스스로 기업을 운영할 때는 다수의 상사를 갖는다. 이중 한 명에게 해고를 당한다 해도 다른 상사들에게 의지할 수 있다. 상사 리스크를 분산시키는 것이다. 여러 상사가 있는 만큼 협상하기 훨씬 더 나은 위치에 선다. 선택권이 있는 사람에게 힘이 있다는 말을 기억하라. 그것은 사업체를 소유하는 데 있어 큰 이득이다.

1. 불황기에 사업을 시작하라

믿거나 말거나 불황기는 사업을 시작하기에 최고의 시간이다. 성공한 많은 기업들이 경기가 저점일 때 설립됐다. 제너럴 일렉트릭 General Electric, IBM, GM, 디즈니, 톨하우스 쿠키Toll House Cookie, 버거킹, 마이크로소프트, CNN, 애플 등이 바로 그렇다. 경기가 좋고 기록적인 수준의 보너스를 받을 때 창업하는 이들은 극소수다.

나는 2009년 내 부엌에서 비즈니스를 시작했다. 경제는 대불황기에서 여전히 회복 중이었다. 직장 내 보너스는 적었고 이는 곧 새로운 출발을 하기 좋은 때라는 뜻이었다. 그 이후 나의 기업은 25가지 분야에서 미래 예측 1위를 차지했다.

4장에서 다룬 '기회비용'이란 개념을 기억해 보자. 간단히 말해 다른 것을 얻기 위해 포기하는 무엇인가를 말한다. 수지와 사귀면 애니

연습 #15 : 창업하기

시작하고 싶은 비즈니스를 5~10가지 나열해 보자.

1.
....
2.
....

3.
....
4.
....
5.
....
6.
....
7.
....
8.
....
9.
....
10.
....

와는 데이트할 수 없는 것이다. 애완용 쥐를 가지고 있다면 애완 고양이를 가질 수는 없다. 사업을 진지하게 시작하면 상근직을 유지할 수 없다.

경기가 좋지 않을 때는 창업의 기회비용이 낮다. 실직하면 창업을 위해 일자리를 희생하는 게 아니다. 직장 동료들이 모두 떠나고 그들의 업무량까지 떠안아야 하는 상황이라면 하던 일을 그만두고 창업을 한다고 해도 별달리 희생할 게 없다.

내가 맥킨지에서 일하고 있을 때 경기가 어려워지자 고객 개발 프로젝트에서 일하던 컨설턴트들은 하루에 16시간씩 일했지만 추가 수당은 없었다. 그런 직장을 두고 나온들 포기하는 것이 무엇이

<도표 8-1> 불황기에 창업한 기업

불황기에 설립된 최고 순위 기업	
기업	설립 연도
제너럴 일렉트릭	1890
IBM	1896
제너럴 모터스	1908
디즈니	1923
톨하우스 쿠키	1933
버거킹	1953
마이크로소프트	1975
CNN	1980
애플	1975/2001

겠는가? 아무것도 없다.

게다가 자기 사업을 시작해 직원들을 고용해야 하는데, 불황기는 자격을 갖춘 많은 사람이 구직 활동에 나서는 때이고 이들은 좀 더 적은 수입에도 일하려 할 것이다. 불황기에 창업하는 것은 저점 매수이고, 이는 투자의 첫 번째 규칙이다.

우리의 경쟁 상대는 불황을 맞아 규모를 줄이고 직원들을 해고하는 기업들이다. 이들에 비해 당신은 이제 고용을 시작하고, 규모를 키우고, 신생 브랜드여서 잠재 고객들에게 아주 좋게 보일 것이다.

2. 자신만의 고유한 가치를 제안하라

사업을 성공적으로 시작하려면 먼저 자신의 가치 제안[value]

proposition이 무엇인지 알아야 한다. '가치 제안'이란 컨설턴트 식으로 말하자면 '회사에 기여할 수 있는 것what you bring to the table'이다. 자신을 특별하게 만들어 주고, 다른 데에서는 찾을 수 없는 고유한 것을 말한다.

사업가entrepreneur는 프랑스어에서 '둘 사이between'를 뜻하는 entre와 '취하는 이one that takes'를 뜻하는 preneur가 합쳐진 단어다. 말하자면 사업가는 이것저것 사이에서 고객을 취하는 사람이다.

이것이 성공의 열쇠다. 자신의 고객이 넘을 수 없는 격차를 찾아라. 기술 격차, 지식 격차 또는 네트워크 격차가 될 수도 있다. 자신의 가치 제안이 이들에게 다리를 만들어 주거나 이들이 격차를 건너뛰지 않아도 되게 스스로 건너뛰어 버리는 것이다.

사람들은 이따금 '시장 교란자market disruptor' 혹은 '시장 불안정자market destabilizer'가 되는 것에 대해 말한다. 하지만 그렇게 극적인 일을 할 필요는 없다. 고객들을 A에서 B로 이끌기만 하면 된다.

프레스티지 이코노믹스를 통해 내가 고객들을 위해 메워주는 격차는 기업과 금융 사이의 격차다. 기업인들은 경제가 어떻게 돌아가는지 전체적인 그림을 모른다. 맥킨지에서 일할 당시 아주 고위급의 파트너가 유가를 실제보다 30달러 더 비싸게 말했던 것이 기억난다. 그분은 가격 변동이 어떻게 이뤄지는지 알지 못했다. 하지만 난 알고 있어서 그 같은 정보를 필요한 이들에게 파는 일을 한다.

금융권 사람들은 기업의 세계에서 무슨 일이 벌어지는지 모른다. 나는 이들에게 업계의 소식을 전달한다. 양쪽 간의 격차를 메워주는 역할을 한다. 내가 그렇게 할 수 있는 까닭은 내가 기업과 금융 양쪽을 이해하고 있는 몇 안 되는 드문 사람이었기 때문이다.

각자 어느 쪽 세계에 속해 있는가? 그것이 각자의 가치 제안이다. 자신의 가치 제안을 좁히는 것은 곧 자신만의 고유한 재주를 발견하는 일이다.

블루오션과 레드오션 간에는 중요한 구분이 있다. 블루오션은 경쟁자가 거의 없는 비즈니스 틈새시장이다. 레드오션은 많은 경쟁자가 있는 비즈니스 시장이다. 경쟁자들이 서로를 밟고 올라가야 하는 레드오션은 피투성이다. 레드오션은 이제 막 출발하는 입장에서는 성공하기 힘든 곳이다. 아무도 가 보지 않은 블루오션에 있는 것이 더 나을 것이다.

블루오션을 찾는 방법은 다른 사람은 주지 않지만 자신은 제공할 수 있는 것을 찾아내는 것이다. 이러한 개념이 김위찬이 쓴 『블루오션 전략』이라는 책에 소개되어 있다.

3. 뛰어들기 전에 발끝을 담가 보라

물론 아무도 원하지 않는 독특한 기술을 가지고 있을지 모른다. 이집트의 상형문자 그리고 공급망 관리, 둘 다 전문가가 자신밖에 없다고 한들 누가 신경이나 쓰겠나? 두 가지 사이에서 하나를 고르기 위해 누군가의 도움이 필요하지는 않다. 자신의 가치 제안이 사람들이 돈을 지불할 만한 것인지 어떻게 알 수 있을까?

좋은 방법은 무턱대고 시도해 보는 것이지만 너무 많은 수고를 들이진 마라. 그래야 실패해도 잃는 것이 없다. 저자본으로 시작한 사업이라면 쉽게 가능한 일이다. 저자본 비즈니스는 창업비용이 낮고 많은 지출 없이도 순조롭게 출발할 수 있다. 이들은 재택이나 온라인으로 운영되는 서비스 기반의 사업 또는 자문 사업인 경향이 있다. 예를 들어 1인 사업으로 교열 점검 서비스를 제공하는 것은 무척 저자본 사업이다. 말 그대로 남는 방에서 혼자 책상에 앉아 노트북으로 하는 일이다.

한편 대조적으로 고자본 사업은 창업비용이 높다. 예를 들어 식당은 고자본 사업이다. 한끼 음식을 팔기도 전에 부동산을 임대하고, 가구를 갖추고, 고급 주방 설비를 구입해야 하기 때문이다. 휴대폰 네트워크는 매우 고자본 사업이다. 서비스를 시작하기 전에 사람들이 사용할 많은 휴대폰 송신탑을 건설해야 하기 때문이다.

사업을 시작하는 데 써야 하는 돈이 적을수록 좋다. 만약 창업비용이 아주 낮다면 저축액을 모두 써 버리지 말고 자신에게 맞는 사업을 찾기까지 다른 사업을 몇 가지 시도해 볼 수 있다.

고자본의 사업을 현명하게 구축하는 유일한 방법은 저자본으로 시작해 매우 느리게 가는 것이다. 차세대 스티브 잡스가 되고 싶을지도 모르지만 심지어 스티브 잡스도 그의 차고에서 스크루드라이버 두어 대를 가지고 시작했다. ABC 방송국의 리얼리티 시리즈 〈샤크 탱크Shark Tank〉의 심사위원인 마크 쿠반Mark Cuban은 집집마다 쓰레기 봉투를 팔면서 시작했다고 밝혔다.

집에서 재택근무를 하는 것은 좋은 선택이다. 집 밖에 사무실을 두고 돈을 쓰는 대신 집 안에 사무실을 두고 감면된 세금으로 돈을 저축하는 것이다. 사업이 재택 기반이라고 해서 업계 내에서 주류가 못되는 것은 아니다. 내가 프레스티지 이코노믹스를 시작했을 때 내 사무실은 월세 800달러 아파트에 있는 화강암으로 된 주방 조리대였다. 사진에서 보듯 인덕션 바로 옆이 내 사무실이었다.

그만큼 저자본이었지만 결과적으로 나는 골드만삭스^{Goldman Sachs}보다 더 좋은 순위를 차지했다. 여러 가지 다양한 예측에서 대형 금융회사들을 제치고 나는 세계 1위를 차지했는데 이것들 모두 주방 구석에서 나왔다.

나의 첫 사무실

사업 아이디어를 결정했다고 치자. 잘된 일이지만 시작하기 전에 일단 다섯 가지 질문을 던져 봐야 한다. 나는 이 질문들을 '활주로'라고 부른다. 말하자면 자신의 사업이 도약하는 데 시간과 돈이 얼마나 필요한지 보여 주는 것이다.

질문 1: 사업을 시작하기 위해서 얼마나 많은 시간과 돈이 필요한가?

충분한 활주로가 없을 때 비행기는 이륙에 필요한 속력을 다 내지 못한다. 비즈니스도 마찬가지다. 활주로는 수익을 내기 위해 그리고 사업으로 생계를 유지하기 위해 들어가는 시간의 양이다.

활주로가 얼마나 길어야 할지 대략적인 감을 잡으려면 이것을 한번 생각해 보라. 미국 국세청Internal Revenue Service(IRS)은 관대하거나 너그러운 조직으로 알려지지 않았지만 이들조차도 기업이 이익을 낸다는 증거를 요구하기 전에 3년이라는 시간을 자영업자에게 준다. 그렇다. 실제로 수익성 사업을 하지 않고도 3년 동안 유예 기간을 두어 자영업에 대한 세금 감면을 청구할 수 있게 해두었다. 신생 자영업자가 실제로 돈을 벌기까지 그렇게 오랜 시간이 걸리는 경우가 많기 때문이다. 국세청은 3년 동안은 출혈을 예상한다. 그보다 짧은 기간에 수익을 내면 정말 잘하고 있는 거다.

활주로는 창업 전 계산해야 할 중요한 숫자로 투자 자본과 생활 자본의 두 부분으로 구성되어 있다. 활주로를 이해하기 위해서는 서로 다른 두 가지 질문에 대답할 수 있어야 한다.

질문 2: 얼마나 투자해야 하나?

활주로에 있어 결정적인 부분이다. 여기에는 재택 기반의 비즈니스로 아무것도 들이지 않는 것에서부터 수만 달러에 달하는 레스토랑에 이르기까지 모든 비즈니스의 창업비용이 포함된다. 지출에는 여행, 콘퍼런스 참석, 소프트웨어, 하드웨어, 직원 인건비와 사무용품 등이 포함될 수 있다.

이러한 투자비용을 은행에 넣어 두고 있어야 한다. 이익을 내기까지는 아무도 돈을 빌려주지 않기 때문이다.

질문 3: 홀로 살아남기 위해 얼마나 필요한가?

창업하는 동안 생활을 이어가야 한다는 사실을 잊지 마라. 회사를 차리는 동안 돈을 벌지 못하는 상태에서 단순히 살아남기 위해 얼마나 많은 돈이 필요한지 계산해 보아라.

활주로와 관련된 비용을 대략 파악한 후 다음 두 가지 질문을 던져 보자.

질문 4: 비용을 줄이거나 현금 흐름을 증가시켜 활주로를 늘릴 수 있는가?

활주로가 길어질수록 성공 가능성은 커진다. 사업을 시작하는 마당에 집을 사는 것은 적절하지 않다. 주택 계약금이 활주로 자금에서 상당 부분을 잡아먹을 것이다. 경비를 낮추면 활주로가 길어진다. 만약에 사업 구상에 믿음을 걸고 개념 증명proof of concept(신기술 도입 이

전에 타당성을 증명하는 것-옮긴이)을 할 수 있다면 개인퇴직연금계좌 Individual Retirement Account (IRA)를 현금화하는 것을 두려워하지 마라. 결과적으로 그렇게 할 때 가장 낮은 세율을 지불하는 것일 수 있다. 지금으로서는 그게 유일한 수입이기 때문이다.

질문 5: 자신의 한계점은 무엇인가?

창업하기 전에 대답해야 할 마지막 질문은 어느 시점에 손실을 줄이고 가게를 닫느냐 하는 것이다. 증권 거래인들은 항상 조언하기를, 빠져나갈 지점을 알기 전에는 절대로 거래에 들어가서는 안 된다고 한다. 창업도 마찬가지다. 경제학자들은 '매몰비용sunk cost'의 오류에 관해 이야기한다.

'어떤 일에 엄청난 돈과 시간, 감정 에너지를 투자했다면 성과를 내기까지 투자를 계속해야 앞서 투입한 것들을 낭비하지 않는다'라는 생각은 잘못되었다. 이는 매우 위험한 발상이다. 사람들은 나쁜 아이디어를 놓지 못하고 점점 더 가진 자원을 쏟아붓는다.

나는 자기 사업에 감정적으로 얽혀들어, 굴러가지 않는 사업을 놓지 못하는 이들을 많이 봐 왔다. 그런 일은 없기를 바란다. 사업이 잘 풀리지 않으면 문을 닫아도 부끄러운 일이 아니다.

일단 이 다섯 가지 질문에 답하고 나면 사업을 성공시킬 충분한 돈과 시간이 있는지 스스로 깨닫게 된다.

나는 사업을 시작했을 때 은행에 1억 5천만 원이 있었다. 내가 오스틴으로 이사해 비용을 절감하면 3년 동안 창업비용 7천만 원과 더불어 연간 생활비로 7천만 원이 추가로 들 것이란 계산이 나왔다. 나에게 3년의 시간은 활주로였고 간신히 이륙했다. 그렇게 긴 시간은 아니었지만 성공할 가능성을 가지기엔 충분한 시간이었다. 다행히 성과를 거두었다. 성공을 거두기에 충분한 돈과 시간이 없다면 저자본으로 좀 더 작은 규모의 사업을 시작해야 한다. 사업을 시작하기까지 현재 직장이 방해받지 않을 정도로 작게나마 창업에 한쪽 발을 담근 채 무한정 활주로를 달릴 수 있다.

만일 창업 단계부터 계약이 끊이지 않는 '고정 고객anchor client'이 있다면 수년 동안 본전을 잃지 않고 살아남을 수 있다. 그리고 사업이 정말 번창하기까지 아주 긴 활주로가 되어 줄 것이다. 나는 창업 초기에 고정 고객은 없었지만 그럭저럭했다. 하지만 고정 고객이 있었다면 훨씬 쉬웠을 것이다.

5. 안전벨트를 매라

만일 위험성, 변동성 그리고 라스베이거스 카지노 도박을 좋아하는 성향이라면 사업가가 될 자질을 갖췄다! 창업을 하는 것은 노후대비 저축을 룰렛에 걸고 원판이 잘 돌아가길 기대하는 것과 같다. 어느 때는 백만장자가 되는 듯한 기분에 사로잡히지만, 어느 때는 누구네 얹혀 살 집은 없을까 하는 생각이 밀려온다. 두렵고 스트레스를 받는 과정이기 때문에 이 책에서 말하는 전략이 모두를 위한 전략은 아니다.

고위험은 고수익으로 돌아온다. 사람들이 아이가 있느냐고 내게 물으면 나는 "아니요, 하지만 저는 회사가 있습니다."라고 답할 것이다. 자신의 회사가 곧 아이다. 아이가 못생길 수도 있다. 잠을 못 잘지도 모른다. 새벽 4시에 배고프다고 울면 아마 스트레스를 받을 것이다. 하지만 자기 아이인 만큼 사랑해야 한다. 무쇠로 된 위장을 지녀야 한다.

수개월 혹은 수년에 걸쳐 통장 계좌 잔액은 아주 조금씩 불어날 것이다. 그러고는 낙하산도 없이 자유 낙하할지도 모른다. 앞에서 1억 5천만 원짜리 활주로에 대해 말한 것을 기억하는가? 큰돈을 만지기 전까지 내 활주로는 5백만 원이었다. 만일 기업을 상대한다면 수금되기까지 60일에서 90일가량을 기다려야 할 것이고 그 기간은 활주로가 두어 달밖에 남지 않은 시점에 끔찍하게 긴 시간처럼 느껴질 것이다.

창업할 때 필요한 것들

기업체는 유기체처럼 살아 있고 생존을 위해 변화하고 발전하고 성장한다. 그 변화 과정은 극심해서 성공할 때쯤이면 알아볼 수 없을 수도 있다. 물론 기업이 완벽하게 그리는 특정 제품이나 서비스의 모습이 있을 수도 있지만 그걸 사람들이 찾는 것이 아니라면 돈이 움직이는 곳을 따라 움직여야 한다.

창업 초기에 나는 시장조사 정보를 무료로 나눠 주었다. 내가 그렇게 한 이유는 그렇게 하는 것이 나만의 브랜드를 만드는 방법이라고 생각했기 때문이다. 그런데 이게 내 핵심 제품이 될 줄은 몰랐다. 지금은 이 같은 시장 보고서 중 일부를 하나에 수천만 원에 판다. 더는 내 연구를 공짜로 나눠 주지 않고, 구매 의사 없이 공짜 정보를 얻으려고 압박하는 것에 대하여는 모욕적이라고 느낀다.

진짜 비즈니스를 하는 이들과 공짜 물건을 찾는 사람 간의 차이를 배우는 데 시간이 좀 걸렸다. 하지만 내가 배운 큰 교훈은 동일하다. 실제 잠재 고객에게는 조금 양보하라는 것이다. 하지만 내 시간을 낭비하게 하는 사람에게는 아무것도 주지 마라.

배고프지 않다면 먹지 않을 것이다. 배고픔과 인내심 둘 다 갖는

창업할 때 꼭 필요한 체크리스트

- 창업의 기회비용이 낮은가?
- 나만의 가치 제안이 있는가?
- 내게 잠재 고객 특히 고정 고객이 있는가?
- 낮은 수준에서 개념 증명을 보였는가?
- 활주로가 얼마나 필요한가?
- 활주로를 얼마나 감당할 수 있는가?
- 활주로를 늘이기 위해 무엇을 할 수 있는가?
- 어느 지점에서 멈추고 도망칠 것인가?
- 스트레스를 관리할 수 있는가?
- 1, 2, 3년 후의 목표는 무엇인가?
- 계획대로 되지 않으면 어떻게 할 것인가?

것이 모순되게 보이고 또한 숙달하기 매우 힘들어 보이지만 그렇게 해야만 한다. 나의 공격적인 태도 때문에 일찍부터 잠재 고객들은 겁을 먹고 달아났다. 나는 이들의 비즈니스가 얼마나 필요한지 너무 명확하게 보여 주었다. 난 정말로 이들의 사업이 필요했다. 하지만 그런 속내가 너무 빤히 보이면 비즈니스가 되기 어렵다.

1. 영업사원처럼 행동하라

창업을 하는 것은 영업사원이 되는 것이다. 가구를 제작하든, 공예 비누를 제작하든, 세금 자문을 제공하든 실제로 무엇을 하든 일차적으로 영업사원이다. 만일 영업 분야의 경력이 없다면 익숙해지기 어려울 수 있다. 아주 이상한 일인데 말하자면 길가에서 돈 좀 달라고 말하는 게 아니라 도로 한복판에서 돈 좀 달라고 하는 것과 같다.

회사를 차렸을 때 내 비즈니스 경험은 영업이 아니라 분석이었다. 영업 부분의 일을 배우기 위해 나는 협상Negotiation 관련 석사 학위 과정에 등록했다. 그러니 받아들이자. 영업사원처럼 행동하라.

영업사원들의 목표는 물건을 파는 것이다. 영업사원들은 자신이 파는 물건을 평가절하하지 않는다. 영업사원 스스로 평가절하한다면, 다시 말해 계약을 성공시키기 위해 스스로를 저평가하면 오랫동안 낮은 가치에 갇혀 있을 수 있다.

내가 X 수준에서 가치를 정하려 한다는 것을 고객이 알면, X+1을 지불하려고 하지 않을 것이다. 요금을 올리면 고객을 잃을 것이다.

그래서 처음부터 스스로 저평가하지 않아야 한다. 나는 시작부터 시장조사 보고서를 무료로 나눠 주었는데 무료에서 유료로 전환하자 곧장 95퍼센트의 고객이 떠나 버렸다. 그렇지만 나는 돈을 벌지 않는 데서 돈이 벌리는 곳으로 갔다.

2. 측정할 수 있는 합리적인 목표를 정하라

사업이 얼마나 잘되고 있는지 알아야 한다. 결과물을 보여 주는 손익 정도를 보면 분명히 알 수 있다. 당신의 기업이 가까운 미래에 빅3$^{Big\ Three}$(GM, 포드, 크라이슬러 등 미국의 3대 자동차 회사-옮긴이)가 된다거나, 하루아침에 페이스북^{Facebook}이나 우버^{Uber}가 될 리는 없지만 전년 대비 총소득을 50퍼센트 이상 늘릴 수 있다면 진정한 성과다.

이런 현실적인 목표는 뜬구름 잡는 대신 동기부여를 한다. 사업이 아직 초기 단계일 때 손익만으로는 성공을 가늠할 수 없다. 초기에 손해를 본다고 일이 잘 안 풀리는 것은 아니다. 결국 여전히 활주로를 달리고 있을 뿐이다.

얼마나 잘하고 있는지 알기 위해선 비재무적인 측정 방법도 필요하다. 기업들은 이 같은 방법을 핵심성과지표$^{Key\ Performance\ Indicators}$(KPI)라고 부른다.

회사 초창기에 나의 핵심성과지표는 길 위에서 보내는 시간이었다. 고객을 만나기 위해 여행을 많이 한다면 나는 잘하고 있는 것이다. 프레스티지 이코노믹스를 설립한 지 3년 차가 되던 해인 2012년 한 해 길 위에서 보낸 시간이 240일은 됐다. 말도 안 되는 숫자지만 내가 바쁘게 움직인 만큼 성과가 쌓이고 있다는 것을 분명하게 보여주었다.

3. 열매 없는 가지를 쳐내라

도표 8-2를 보자. 어느 고객이 가치가 있고 그렇지 않은지 보여 준다. 뻔해 보이지만 사람들이 얼마나 자주 놓치는지 모른다. 사업을 시작한다면 아마 노력을 많이 들여도 보상은 낮은 고객을 상대할 것이다. 이들은 기업이나 CEO를 가치 있게 생각할지 몰라도 보상을 많이 주는 이들은 아니다.

정말로 이들은 공들일 가치가 없다. 이처럼 형편없는 투자 수익으로는 결코 앞서갈 수 없다. 자기 회사를 소유하는 것의 장점 중 하나는 나쁜 고객을 해고할 수 있다는 점이니 그렇게 하라.

나쁜 직원과 나쁜 사업 파트너도 나쁜 고객만큼 불량하긴 매한가지다. 만일 사업이 성공적으로 운영된다면 그 비결을 원하는 사람들이 많을 것이다. 그중에는 선하고 믿음직한 사람도 있고 그렇지 않은 사람도 있다. 내 사업은 내 아이와 같은데, 누군가가 내 아이와 미식축구 하기를 원하지는 않을 것이다. 그러니 누구와 함께 일하는지 주의를 기울여라.

자신을 망치는 거래는 놓친 거래가 아니다. 하지 말아야 했던 거래다. 그리고 하지 말아야 할 거래는 나쁜 사람들과의 거래다. 그들이 고객이든, 파트너든, 직원이든, 지금 당장 쳐내라.

<도표 8-2> 고객 우선순위 세우기

	노력이 많이 드는 고객	노력이 적게 드는 고객
높은 보상을 주는 고객	좋은 고객들이니 유지하라. 높은 보상이지만 노력이 적게 드는 유형의 고객으로 옮겨 가게 하라.	최고의 고객이다. 계속해서 만족시켜라.
낮은 보상을 주는 고객	쳐내라. 이런 고객 유형은 노력의 가치가 없다.	좋은 고객들이니 유지하라. 높은 보상이지만 노력이 적게 드는 유형의 고객으로 옮겨 가게 하라.

4. 대안을 마련해 둬라

사업은 실패할 수도 있다. 그것이 기업가 정신의 현실이다. 첫 18개월 동안 10개 기업 중 8개 기업이 실패한다. 실패 이후 어떻게 해야 할지에 대한 확실한 계획이 없다면 사업을 시작해서는 안 된다. 대안은 다양한 형태와 크기가 있다.

대안 1

지금 전화를 걸면 내일 일자리를 구할 수 있는 5~10명의 사람들 목록을 갖춘다. 프레스티지 이코노믹스 초창기에는 혹시나 해서 책상 옆에 그 리스트를 붙여 놓았다.

대안 2

자산을 현금화한다. 본인과 배우자, 자녀들의 삶을 망치지 않도록 팔 수 있는 모든 것을 적어 보자. 저축해 두었던 1억 5천만 원을 써 버리고 5백만 원만 남았을 때 그 목록을 두고 무척 곰곰이 생각하게 됐다.

내 목록에는 자동차, 커프스 단추^{cufflink} 수집품, 대학 졸업 선물로 삼촌에게 받은 상아 체스 세트가 있었다. 개인적으로 의미 있고 소중한 것들을 팔고 싶지는 않았지만, 이것들이 없다고 해서 내 삶이 무너지는 것은 아니었다. 누군가의 목록에는 부동산이나 개인퇴직연금계좌가 있을 것이다. (내 개인퇴직연금계좌는 1억 5천만 원의 활주로 자금을 마련하기 위해 이미 현금화하는 바람에 목록에는 오르지 않았다.)

대안 3

배우자가 직장에 복귀하거나, 부모님 집으로 다시 들어가고, 성장한 자녀들이 다시 들어와 사는 것이다. 상상도 할 수 없는 선택일 수도 있지만 생각지도 못한 것조차 생각해 볼 만한 가치가 있다.

5. 스스로에게 관대하라

끝으로 자신에게 관대하라. 창업은 어렵다. 스트레스가 쌓이고 두렵다. 잘 안될 수도 있다. 현명하게 추진해 보되 일이 잘 풀리지 않는다면, 예컨대 돈을 벌지 못하거나 홀로 운영하는 스트레스가 마음에 들지 않는다면 그만둔다고 해서 부끄러워할 필요 없다.

언제 낚시를 하고, 언제 미끼를 자를지 아는 것이 중요하다. 먹이를 문 물고기에 끌려 배 밖으로 떨어지고 싶지 않다면 말이다!

불황에 맞서는 커리어 전략

1. 기술을 쌓거나 사업을 쌓아 올릴 수 있다.
2. 새로운 기술을 배울 때 들어가는 비용이나 시간은 기업이 부담하게 하라.
3. 값싸거나 무료로 제공하는 배움의 기회를 찾아라.
4. 저자본으로 시작할 만한 사업의 기회를 찾아라.
5. 자신만의 가치 제안이 무엇인지를 찾아라.
6. 활주로를, 손익분기점을, 그리고 탈출 계획을 꼭 알아 둬라.

9장

돈이 돈을 벌게 하라

||||||||||||||||||||||||||||||||||||||||||||||||||||||||||||||||||||||||||||||||||||||||||

투자하기 전에 알아야 할 기본적인 원칙을 염두에 두고 자신의 사업, 자녀의 교육에 투자하라. 그러나 주식은 잘 알지 못하면 투자하지 마라.

현금을 손에 쥐고 불황에 빠진다면 운이 좋다. 하지만 게을러지지 마라. 그 돈을 어디에 둘지 알아야 돈이 쓸모 있게 된다. 이미 시작한 비즈니스에 투자하라. 자녀교육에 투자하라.

그렇게 얘기한 데에는 놀라운 반전이 있다. 투자할 줄 안다면 주식에 투자해라. 하지만 그러기 전에 몇 가지 아주 기본적인 원칙들을 명심해 두어야 한다.

1. 잃어서는 안 되는 돈은 투자하면 안 된다

나의 삼촌은 1980년대에 미국의 유명 로보어드바이저 업체인 찰스 슈왑Charles Schwab 소속으로 월스트리트의 증권 중개인이었다. 당시는 한창때였다. 1980년대 초반 이후 경기가 회복 중이었다. 1987년에 검은 월요일Black Monday이 찾아왔다. 전 세계 주식 시장이 폭락했다. 시스템 결함 탓이었다. 거래상들은 거래할 수 없는 상태가 되어 컴퓨터에서 그냥 걸어 나왔다.

삼촌은 근무 중이었고 그날부터 항상 내게 해주던 말은 "손실이 두려운 돈은 투자하면 안 돼."였다. 주식에 투자하든 자기 사업에 투자하든 마찬가지다. 자녀들의 대학자금을 내놓지 마라. 레버리지 콜을 사려고 두 번째 담보대출을 받지 마라. 집을 걸지는 마라.

196

2. 자신이 이해하는 것에만 투자하라

집을 주제로 한 리얼리티 쇼를 보면, 집을 사고 몇 번 수리를 거쳐서 몇 달 후에 되팔기만 해도 몇 천만 원 정도는 멋지게 벌 수 있으리란 생각을 하기 쉽다. 심지어 어떤 프로그램은 이윤을 남기기 위해 그 집을 꾸미거나 공을 들이지 않아도 되는 것처럼 보여 줄 것이다. 집을 사서 가격이 오를 때까지 6개월을 기다렸다가 되팔아라.

사실 이렇게 하는 것은 돈을 잃는 좋은 방법이기도 하다. 2008년 부동산 거품이 꺼졌을 때 주택 투자자들은 극심한 타격을 입었다. 무엇에 투자하든 경쟁 상대는 그 시장에 진입하고 빠지는 것 외에는 아무것도 하지 않는 이들이라는 점을 기억해라. 그러니 자신이 이해하는 일에만 투자하라.

부동산 게임을 잘 배우지 않았다면 주택에 투자해 장사할 생각을 하지 마라. 무심코 들어가 할 수 있는 일이 아니다.

물론 집을 사는 것은 좋은 생각이다, 2주 후에 되팔아 매매차익을 남기기 위해서가 아니라 그 안에서 살 수 있기 때문이다! 샬롯에 있을 때 나는 주택 시장이 가열된 시기에 아파트를 샀다. 어떤 여자분은 나에게 내가 산 아파트의 가치가 얼마냐고 물었다. 나는 전혀 모른다고 말했다. 그녀는 놀란 표정이었고 화내듯 말했다. "아파트 가치가 얼마나 되는지 어떻게 모를 수가 있죠?" 나는 그녀에게 "거주 목적의 집인지라 잘 모르겠네요. 되팔려고 산 게 아니에요. 나는 살려고 구매했어요. 대출도 괜찮았고 아파트도 좋으니 여기서 살 수 있어 행복해요."라고 말했다.

투자 방법을 아는 것이 아니라면 집에 관해서는 투자 대상이 아니라 그저 사는 곳이라고 생각해야 한다.

3. 다양한 많은 것에 투자하라

사람들은 레스토랑이 성공하려면 세 가지 요인이 필요하다고 말한다. 첫째도 위치, 둘째도 위치, 셋째도 위치다. 이와 마찬가지로 성공적인 투자의 3대 요인은 첫째도 분산, 둘째도 분산, 셋째도 분산이다. 이것이 투자의 기초다.

한 가지 일에 투자해 그 일이 잘되면 엄청난 돈을 벌겠지만 잘 안되면 모든 것을 잃을 수 있다. 게다가 모든 것을 잃는다고 했을 때 많은 돈을 벌 기회를 놓친 것보다 훨씬 더 안 좋다. 투자 범위가 넓을수록 안전하다.

자신의 사업에 투자하라

일부 생명공학 스타트업의 엔젤투자자(기술력은 있으나 자금이 부족한 창업 초기 벤처기업에 자금 지원과 경영 지도를 해 주는 개인 투자자-옮긴이)가 될 만큼 수십억 원을 가지고 있지는 않을 것이다. 대신 자신이 가진 소규모 기업에 쏟아부을 몇 천만 원은 있을지도 모르겠다.

레스토랑을 다시 꾸며라. 잠재 고객을 만나기 위해 유럽을 가라. 페이스북이나 구글 광고를 좀 더 구매해라. 전문가를 고용해 1999년도 웹 사이트를 단장하라. 그것이 무엇이든 간에 기존 비즈니스에 대한 비교적 적은 투자로 높은 투자 수익을 달성할 수 있고 여러 번 상환할 수 있다.

스마트 머니(고수익의 단기차익을 노리는 기관이나 개인 투자자들이 장세 변화를 신속하게 파악하여 투자하는 자금-옮긴이)는 무엇을 하는가?

주식 시장에 들어가는 1달러에 비해 스마트 머니는 민간 기업으로 들어간다. 그건 스마트 머니가 하는 일이기도 하고 할 수 있다면 우리가 해야 할 일이기도 하다. 우리는 자신의 기업에 돈을 투자해야 한다. IBM이 하는 일을 통제할 수는 없지만 자신의 회사가 하는 일은 통제할 수 있다. 이것은 자기가 이해한 것에 투자하라는 앞선 주장에도 부합한다. 자신이 하는 일보다 더 잘 이해하는 것은 없다.

이 부분에 관한 한 나를 믿어 보라. 나는 공인 국제가치평가사 Certified Valuation Analyst 로서 한 회사가 얼마의 가치가 있는지 결정하는 전문 훈련을 받았다. 그래서 주식 시장이 아니라 자기 회사에 투자하는 것의 가치에 대해서 몇 마디 나눌 수 있다.

상장된 큰 회사의 주가는 매우 변덕스럽다. 누구나 회사 주식을 살 수 있기 때문에 주식을 사고파는 사람들(및 컴퓨터)에 따라 쉽게 변동한다.

회사가 잘되어 분기마다 이익을 낼 수도 있지만 알고리즘 기반으로 거래하는 컴퓨터가 매각 광풍에 휩싸여서 주가가 폭락할 가능성도 여전히 존재한다.

기업이 제품을 많이 팔고 돈을 많이 벌었음에도 하룻밤 사이에 갑

자기 아무런 '가치'가 없어질 수도 있다. 특히 불경기에 이런 일이 일어난다. 대조적으로 개인 소유의 소규모 기업은 미칠 듯이 날뛰는 변동성에 노출되지 않는다. 기업의 가치가 많은 일일 거래자들과 컴퓨터 알고리즘에 의해 결정되지는 않는 것이다.

기업의 가치는 전적으로 실제로 얼마나 잘하고 있는지, 즉 얼마나 많은 이익을 내고 있는지에 따라 결정된다. 상투적이지만 그것의 가치가 안정적이다. 불경기가 닥치면 고객을 일부 잃을 수 있지만 기업의 가치는 상장된 회사들의 세계에서처럼 무너지지는 않을 것이다.

결론은 대기업에 투자하면 기업이 아무리 돈을 많이 벌어도 파산할 수 있다는 것이다. 그러나 자신의 작은 사업에 투자할 때는 결코 이윤을 내는 와중에 파산하는 일은 없다.

그러므로 자신의 사업에 투자하는 것은 불경기를 대비하는 훌륭한 방법이다. 그것이 자기 사업에 투자하는 것의 마술이다. 또 다른 마술이 있다. 사업에 투자했다가 팔면 올해 사업을 통해 벌어들인 돈만 받는 게 아니라 앞으로 벌어들이리라 예상하는 돈까지 모두 받는다.

예를 들어, 사업으로 벌어들인 돈이 연간 6억 원이라고 가정해 보자. 앞으로 20년 동안 매년 6억 원씩 번다면 여러분의 사업은 단지 6억 원의 가치가 있는 것이 아니라 여기에 20을 곱한 120억 원이 되는 것이다. 물론 120억 원의 전체 금액을 구매자가 지불하는 것은 아니다. 구매자가 바라는 것은 수익이고 미래에 벌어들일 돈은 전적으로 확신할 수 없기 때문이다. 그렇더라도 연간 6억 원의 비즈니스에 대해 6억 원 이상으로 보수를 받게 될 것이다.

업종에 따라 연봉의 3배, 5배, 8배, 심지어 10배, 12배까지 받을 수 있다. 아직 벌지 못한 돈을 받는 것이다. 환상적이다! 사업이 분명하게 '유망 기업'으로서 미래에도 수익을 지속적으로 창출하는 돈벌이가 된다면 연봉에는 훨씬 더 많은 배수가 붙을 것이다. 잠재적 구매자들에게 기업이 유망 기업임을 증명할 수 있는 좋은 방법은 몇 개의 다년 계약을 체결하는 것이다. 게다가 기업의 이익을 증가시킬 수 있다면 기업의 가치와 미래의 판매 가격 또한 증가시킬 것이다.

단 한 푼도 벌기 전에 수십억 달러에 팔린 스마트폰 앱app도 있다.

그게 어떻게 가능할까? 구매자들은 앱에 일정 수의 사용자가 있을 것으로 예상하고 각 사용자가 일정 금액을 지불할 것으로 보았다. 그렇기에 가능할 수 있었다.

구매자가 예상 가능한 미래에 지불하는 것이다. 나는 몇 차례 내회사를 넘기라는 제안을 받았다. 한 번도 그런 제안을 받아들인 적은 없지만 언젠가 원한다면 회사가 벌 수 있는 모든 돈이 한순간에 현금이 될 수 있다는 것을 알게 되어 기분이 좋았다. 그것이 자기 사업에 투자하는 묘미다.

> **연습 #16 : 창업에 필요한 돈을 어떻게 마련할 수 있을까?**
>
> 다음의 두 질문에 답해 보자.
>
> 1. 현재 여러 투자 계좌에 돈이 얼마나 있는가?
>
> ....
>
> 2. 그 돈 중 얼마나 잃어도 괜찮은가?
>
> ....
>
> 첫 번째 질문에 대한 답이 두 번째 질문에 대한 답보다 크다면 투자를 멈춰야 한다. 간단히 말해 잃을 수 없는 돈을 투자해선 안 되는 것이다.

자녀교육에 투자하라

아이는 세상 그 무엇보다 소중하다. 대부분 부모는 아이의 교육에 투자하여 아이가 건강하고, 행복하고, 인생에서 빛날 수 있게 한다. 아이를 위해서 하는 거지, 자신을 위해서 하는 게 아니다. 아무것도 기대하지 않고 대가를 바라지도 않는다.

하지만 꼭 그렇진 않다! 물론 아이를 사랑하기 때문에 아이들의 삶을 도와야겠지만 자녀의 성공에 투자하는 이기적인 이유도 있을 것이고, 자녀의 의미가 무엇인지 생각하는 것 역시 중요하다. 자녀교육에 투자하는 것이 왜 자신에게 좋은 투자인지 이해하려면 은퇴에 관한 이야기가 필요하다. 하지만 많은 사람이 여전히 이 점을 부인한다.

2015년 사회보장 수급자의 62퍼센트가 수입의 절반 이상이 사회보장으로 받은 금액이었다. 그리고 많은 미국인이 미래에 은퇴할 때 자신은 사회보장제도에서 벗어날 수 있으리라 생각한다. 그거야말로 한참 잘못된 생각이다. 그것에 희생되는 사람들은 힘겹게 깨달을 것이다. 게다가 그건 사회보장제도 이야기이고 의료보험은 훨씬 안 좋은 상태에 있다. 정부의 재정 지원 혜택이 고갈되면 노인들은 어떻게 살아남을 것인가? 복지국가 이전에 수천 년 동안 그래 왔듯이 가족의 도움은 힘이 된다.

은퇴에 관한 한 과거는 미래다. 우리는 필요에 따라 더 가족 중심적인 사람이 될 것이다.

1990년대 후반 독일에서 살 때 아프리카 북동부 에리트레아에서 온 룸메이트가 있었다. 그는 21명의 남매 중 한 명이었다. 그의 부모는 그들 중 적어도 한 명이 완전 바보가 아니길 바라며 21명의 아이들을 데리고 있었고 아이들은 노년에 부모님을 돌볼 것이다.

자녀교육에 투자하는 것, 즉 자녀들이 삶에서 직업적으로 성공하기 위해 투자하는 것은 최고의 선택이고, 가장 높은 투자 수익을 가진 투자라고 할 수 있다. 오래된 농담 아닌 농담이 있다. "아이들이 좋은 대학을 선택할 수 있게 해 주어라. 아이들이 당신의 은퇴할 집을 고를 것이기 때문이다."

주식 시장에 투자하지 마라

사업에 투자하는 것은 자신이 통제하고 이해하는 것에 투자하는 것을 말한다. 자녀교육에 투자하는 것은 자녀들의 미래와 자녀교육에 투자하는 것을 말한다. 반면 주식 시장에 투자하고자 한다면 라스베이거스에서의 도박과 같다.

그것은 크랩craps, 룰렛, 포커를 하는 것과 같다. 돌아오는 가장 큰 투자 수익은 하루 종일 주가가 오르내리는 것을 지켜보는 스트레스일 것이다. 그래서 주식 시장에 적극적으로 투자하고자 한다면 제일 먼저 해 주고 싶은 말은 아주, 아주 조심하라는 것이다.

잘 모르면 위험하다

'원숭이 라인'을 알면 주식 시장에 투자하는 것이 왜 그렇게 나쁜 생각인지 이해할 수 있을 것이다.

'무한 원숭이 정리infinite monkey theorem'라는 것이 있다. 100개의 타자기가 있는 방에 백 마리의 원숭이를 넣고 충분히 기다리면 언젠가 『햄릿Hamlet』을 타이핑한다는 것이다. 그럴 가능성은 통계적으로 무한히 낮지만 만일 큼지막한 짐 크레이머Jim Cramer(헤지펀드 매니저이자 미국 CNBC 채널의 간판 프로그램 〈Mad Money〉 진행자-옮긴이) 버튼 두 개가 있는 방에 원숭이들을 넣어 둔다면, 하나는 '사기buy', 다른 하나는 '팔기sell'라고 쓰여 있는 버튼을 눌러 이들은 금융 시장에서 거래할 수 있을 것이고, 보통 사람들보다 더 나은 성과를 낼 수도 있을 것이다.

자, 이제 원숭이 한 마리를 고용해 모든 투자 결정을 내리게 했다고 하자. 원숭이는 자기가 무엇을 하는지 전혀 모른다. 그는 주식 시장이 뭔지도 모른다. 무작위로 버튼만 치는데, '사기'라고 적힌 버튼을 치면 주식을 사고, '팔기'라고 적힌 버튼을 누르면 주식을 판다.

가끔 원숭이가 운이 좋아 알맞은 시간에 '사기'나 '팔기'를 누르면 많은 돈을 벌 수 있다. 하지만 이따금 원숭이는 운이 나빠서 최악의 시간에 '사기'나 '팔기'를 눌러 많은 돈을 잃는다. 무작위다. 그래서 전반적으로 투자 컨설턴트를 하는 원숭이를 가지고 있으면 손익분기점을 왔다 갔다 할 것이다. 어느 정도는 수익을 얻고, 어느 정도는 잃어 주식 시장이 전반적으로 어떻든 평균이 될 것이다.

다시 말해서 원숭이가 50퍼센트 이상 옳다고 기대할 수 있다. 또한 그만큼이 완전히 무작위로 결정을 내렸을 때 주식 시장에서 벌어들일 돈의 양이다. 당연히 투자자는 원숭이 라인보다 위에 있기를 원하고, 원숭이 선보다 아래에 있는 것을 피하고 싶어 한다.

도표 9-1에서 X축은 정보로, 오른쪽으로 갈수록 정보가 많아진다. Y축의 50퍼센트 선은 원숭이가 정보 없이 얻는 평균 수익을 나타낸다. 그래서 원숭이 선이 중간에 있는 50/50 손익분기점에서 수평선인 것이다.

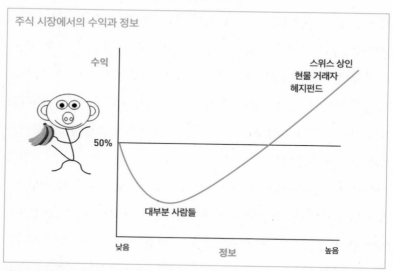

<도표 9-1> 원숭이 라인

주식 시장에서의 수익과 정보

수익

스위스 상인
현물 거래자
헤지펀드

50%

대부분 사람들

낮음   정보   높음

출처 : Prestige Economics, Recession-proof

이 그래프는 주식 시장의 움직임에 대해 아는 것이 없다면, 예를 들어 당신이 원숭이처럼 결정을 내린다면, 여러분은 바로 원숭이 라인(50%)에 서리라는 것을 보여 준다. 일리가 있다. 경험과 지식이 풍부한 정말 능숙한 투자자라면 주식 시장을 갖고 놀 수 있을 것이고 원숭이 라인을 훨씬 상회할 것이다. 그것도 일리가 있다.

하지만 이 그래프의 웃기면서도 놀라운 부분은 주식 시장에 대해 조금 알고 있다면, 기술과 지식이 조금이라도 있다면, 결국 어디에 이르겠느냐는 것이다. 원숭이 라인 아래로 떨어질 거다! 그렇다, 원숭이를 고용했을 때보다 더 가난해질 거다.

속담에 있듯이 작은 지식은 위험하다. 나는 이것을 위험한 반쪽 지

206

식이라고 부르겠다. 그렇게 부른 데에는 어느 정도 설명이 필요하다.

이런 식으로 생각해 보자. 당신이 가진 지식이라고는 《타임》지와 《월스트리트 저널》과 블로그에서 금값 변동에 대해 읽은 것이 전부다. 한편 큰 투자 기업들은 나와 같은 미래학자들과 박사 학위를 가진 정말 똑똑한 사람들을 수십 명씩 데리고 있다. 그 모든 사람은 시장이 어디로 갈지 예측하기 위해 정교한 장비와 기술을 사용한다. 당신의 경쟁자 수준이 그 정도다.

소액 투자자가 《월스트리트 저널》이나 《이코노미스트》의 금융 뉴스를 읽을 때라면 이미 너무 늦었다. 참고로 《이코노미스트》는 일주일에 한 번 발행된다. 잡지에 나오는 소식들은 최소 며칠이 지난 것들이다. 업계 큰손들은 몇 초 만에 뉴스를 접하고, 몇 분 만에 엄청난 돈을 벌기 위해 적절한 거래를 한다. 당신이 퇴근길이나 밤 뉴스를 통해 그 이야기를 들을 때쯤이면 파티는 이미 끝났다.

제너럴모터스GM가 예상치 못한 자동차 리콜 사태로 타격을 입었다면 이미 최저점에 이르렀을지도 모르는 상황에서 그 회사의 주식을 팔아치운다. 애플 주가가 예상보다 강한 3분기 실적 때문에 급등했다면 이미 최고점일지 모르지만 그 주식을 사들인다. 어느 쪽이든 돈을 잃는다. 왜냐하면 조금 알고 있었기 때문이다.

오늘날 금융 뉴스 속보는 주가 변동을 과장되게 만든다. 시장의 변화를 지켜보는 것은 소수의 헤지펀드나 투자자들만이 아니다. 개인, 중앙은행, 모든 사람이 지켜본다. 일단 주가가 내려가면 스스로 탄력이 붙는다. 움직이는 물체는 계속 움직인다. CNBC에서 그것에 대해

들을 때쯤이면 그 주식은 떨어져 내려 최악의 거래 상태가 되어 버린다. 시장이 너무 빨리 움직여서 대기업보다 조금 늦게 뉴스를 접한다면 이미 너무 늦어 버렸다.

작은 선수로서 큰 선수들보다 시장에 대해 더 많이 알 수 있는 유일한 방법은 회사에 근무하면서 내부자 지식을 갖고 있을 때다.

예컨대 회사에서 야심차게 준비한 신제품을 발표하려고 한다는 사실을 아는 것이다. 그렇다고 그 지식을 이용해 거래한다면 금융과 무역에 종사하는 사람들이 말하는 '자유를 침해하는 사건liberty-reducing event'을 아주 잘 경험할 것이다. FBI가 특별한 보석을 가지고 올 것이다. 축하한다, 예전에는 너무 조금 알았다면 이제는 너무 많이 알아 버렸다.

원숭이 라인을 넘기 위한 3가지 규칙

주식 시장에 대해 겁을 줬으니 이제 조금 부드러운 메시지를 주겠다. 다른 사람들이 가지고 있는 전문 지식을 활용하고, 일정한 규칙을 지키고 아주 신중하고, 매우 보수적으로 움직인다면 주식 시장에서 투자할 수 있다. 게다가 거물들이 무엇을 보고 있는지 안다면 훨씬 더 나은 위치에 있다.

첫 번째 규칙

개별 주식이 아닌 번들 주식을 사라

번들bundle형 주식은 뮤추얼 펀드mutual fund나 상장지수펀드exchange-traded fund, ETF(주식처럼 거래되는 뮤추얼 펀드)와 같은 이름으로 통한다. 여기에는 여러 기업의 주식이 포함되어 있어서 만일 일부 회사가 실적이 좋지 못해도 그 차이를 알아차리기 어렵다.

이 같은 번들형 주식은 전문 투자자들, 말하자면 원숭이 라인을 훨씬 뛰어넘어 거래할 줄 아는 사람들이 잘 모르는 사람들을 상대로 팔기 위해 모은 상품으로 구매자 스스로 세부 내용을 파악할 필요가 없다.

아마도 자기가 사는 집 보일러를 혼자 고치겠다고 나서는 이는 없을 것이다. 잘못하면 얼굴에 폭발할 수도 있기 때문이다. 마찬가지로 스스로 주식 포트폴리오를 선택하지 않는 게 좋다. 그런 일을 할 줄 아는 사람을 통해 전문 서비스를 받는 게 좋다. 뮤추얼 펀드처럼 주식을 한 묶음으로 사는 것이 그 방법이다. 배관공을 불러 일 처리를 시키는 비용이 직접 파이프를 만지작거리다가 온 집 안을 물바다로 만드는 것보다 적게 든다.

투자 결정에 어느 정도 관여하고 싶다면 특정 산업에서 상장지수펀드ETF를 사는 것을 생각해 볼 수 있다. 자동차 산업에서 뭔가 좋은 촉을 느꼈다고 치자. 그렇다고 한 자동차 회사에서 주식을 사는 것은 어리석은 일이다. 일부 리콜이 될 수도 있다. 내부 스캔들이나 소송이 생겨 갑자기 주가가 폭락할 수도 있다. 모든 종류의 이상한 일들

209

이 일어나지 않으리라는 법은 없다.

따라서 자동차 산업에 대한 촉이 왔을 때 자동차 산업 전반에 대한 상장지수펀드ETF에 투자하라. 뮤추얼 펀드처럼 모든 업종의 주식을 포함할 만큼 다양하지는 않더라도 단일 기업에 투자하는 것보다는 훨씬 위험이 분산되어 있다.

두 번째 규칙
호황기가 아닌 불황기에 사라

다소 직관적이지 않다는 것을 안다. 하지만 한번 생각해 보면 이해가 된다. 호황기는 사실 투자하기에 가장 무서운 시간이다. 모든 것이 장밋빛으로 보인다면 긴장해야 할 때다. 거품이 언제 터질지도 모른다. 돈을 잃을지도 모른다. 반면 불황기에 주식 시장에서 매입한다면 앞으로 남은 길은 올라가는 것뿐이다. 많은 사람에게 잘못 알려진 옛 속담 하나가 있다.

"사야 할 때는 거리에 피가 뿌려져 있을 때다."

다음의 그래프를 보자. 다우존스산업평균지수the Dow Jones Industrial Average는 30개 종목을 지수화한 것이다. 미국 증시가 전체적으로 얼마나 선전하고 있는지를 보여 주는 지표다. 2007년 10월에는 14,165선이었다. 그리고 2009년 3월까지 6,549까지 떨어졌다. 스스로에게 물어보라. 다우지수가 14,165일 때 사겠는가, 아니면 6,549일 때 사겠는가? 답은 명백하다. 싸게 사라! 불황기에는 주가가 싸기 때문에 위험부담을 보다 감수할 수 있다. 이때는 개별 주식을 사고파는 '액티브 트레이딩active trading'을 고려해 볼 만한 시점이다.

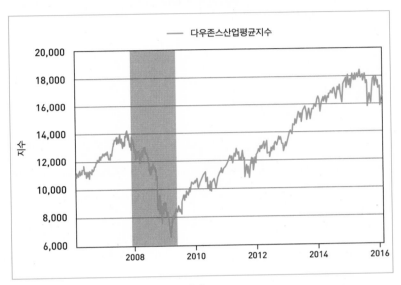

<도표 9-2> 다우존스산업평균지수

출처: S&P 다우존스지수 LLC, research.stlouisfed.org

비전문가라면 불황기에만 이런 일을 고려해야 한다. 제2장부터 불황에 강한 산업(경기비순행적)과 불황에 약한 산업(경기순응적)의 비교를 기억하는가? 투자를 선택할 때 그 점을 생각해 보아라.

최악의 불경기 이후 회복기가 코앞으로 다가왔을 때가 경기순응적 산업에서 주식을 사들이기에 좋은 시기일지 모른다. 결국 경기가 좋아지면 회복될 가능성이 크다. 업계 경향이 대개 그렇다. 경제가 최고조를 달린 후에 투자를 청산한 다음 불경기에 대비해 다시 분산

투자하는 것이 좋다. 결국 시장 상황에 따라 그리고 GDP에 따라 모든 투자 자산은 상승하면 다시 하락하기 마련이다.

불경기가 오면 불황에 강한 산업에서 주식을 사길 원치 않을 수도 있다. 결국 불황이 닥쳤을 때 아마도 가장 큰 이득을 보았고 회복기에 상승이 훨씬 덜 할 수도 있다.

경기 순환 주기를 최대한 활용하려면 공인재무설계사^{Certified} ^{Financial Planner}(CFP)와 협력해 호황과 불황에 맞춰 투자를 재조정하라. 상승 국면의 몇 년이 지나고 일부 돈을 블루칩 채권, 현금, 혹은 금융 시장 계좌로 옮겨 바꾸기를 원할지도 모르겠다. 하지만 하락 국면의 몇 년이 흐른 후 그 돈의 일부를 주식 시장으로 옮기면 이득을 볼 수 있다.

세 번째 규칙
적절한 시기에 은퇴하라

여기서 적절한 시기란 주식 시장이 가열된 호황기를 말한다. 그래야 주식을 가능한 한 가장 높은 금액의 고정수입으로 전환해 주식 시장 상황과 상관없이 평생 재정 지원을 받을 수 있다. 물론 적절한 시기에 은퇴한다는 것이 적절한 시기에 태어나야지 가능한 부분이 있다. 적절한 시기에 태어나야 졸업도, 은퇴도 적절한 시기에 하게 된다.

"실력이 좋은 것보다는 운이 좋은 편이 낫다^{I'd rather be lucky than good}"는 것이 이곳의 모토다. 하지만 불행히도 언제 태어날지는 아무도 결정하지 못한다.

은퇴하기 좋은 시기에 맞게 정확히 1967년 전에 태어날 만큼 운이 좋지는 않더라도 여전히 약간의 기회는 열려 있다.

62세, 67세, 70세 혹은 그 사이에 어느 시점이 될 수도 있지만 어느 경기 순환 주기에 맞추어 은퇴하느냐에 따라 기회의 창이 얼마나 열릴지가 달라진다. 63세인데 경기가 호황이면 조기 은퇴를 생각해 보는 것도 좋은 방법이다.

미국의 대불황 직후 사람들은 은퇴를 미뤘다. 오늘날 코로나19 팬데믹 이후로 투자의 가치가 떨어졌거나 약세가 유지될 위험이 있는 어려운 경제 상황 중에 은퇴를 피하기 위해 혹은 재정 손실을 메우기 위해 50대 이상의 직장인들은 회사에 훨씬 더 오래, 더 높은 비율로 남을 것이다.

불황에 맞서는 커리어 전략

1. 은퇴에 있어서 과거는 미래다. 필요에 따라 보다 가족 중심이 될 것이다.
2. 가장 잘 아는 기업에 투자하라. 자신의 기업 말이다.
3. 주의 깊게 주식 시장에 투자하라. 적은 지식이 위험하다.
4. 잃어서는 안 되는 돈을 절대로 투자해서는 안 된다.

10장

나의 선택지를 재평가하라

경기 침체가 가져오는 가장 나쁜 영향은 스트레스와 불안감이다. 계획을
세우는 것은 그 불안을 진정시킨다. 모든 전략이 모두에게 가능한 것은
아니지만 달려오는 황소를 제압하면 선택지가 생긴다.

지금까지 어떻게 준비해야 하는지, 어떻게 견뎌야 하는지, 어떻게 숨어야 하는지, 어떻게 도망쳐야 하는지, 어떻게 쌓아 올려야 하는지, 어떻게 투자해야 하는지 등 여섯 가지 불황을 이기는 전략에 대해 말했다.

이제는 어떡하면 좋을까? 위 전략 중에 어떤 것이 자신에게 적합한가?

제일 먼저 해야 할 일은 내가 3장에서 말했던 SWOT(강점, 약점, 기회, 위협) 분석을 다시 하는 것이다. 이 책에서 배운 모든 내용을 바탕으로 SWOT 분석을 다시 해 보자. 지금쯤 이전에는 감사히 여기지 않았던 강점과 기회를 볼 수 있을 것이다. 또 한때 방심했을지 모르는 몇 가지 약점과 위협도 볼 수 있다.

자신이 어떻게 하느냐에 따라 SWOT 분석은 달라진다. 자신 안에 있는 좋은 면과 나쁜 면 그리고 환경에 대한 지식이 커질수록 분석 결과도 달라진다.

내 삶에 언제 닥칠지 모를 불황에 대비하라

이 책에서 배운 여섯 가지 전략을 복습해 보자. SWOT 분석을 다시 했으니 이전에는 불가능할 것 같았던 전략이 가능해 보이고 심지어 바람직해 보인다는 것을 알게 된다!

전략 1 준비하라

무엇을 준비하라는 말인가? 정신을 차리고, 배고픈 시간을 보내고, 다음 불황을 예측하고, 이력을 쌓아가고, 어려운 시간이 왔을 때 무엇을 할 의향이 있고 또 하지 않을지 스스로에게 물어봐야 한다는 것이다. 이 책을 읽고 있으니 이미 준비를 위한 첫걸음을 멋지게 내디뎠다.

누구에게 필요한 전략일까? 모두가 그래야 한다! 아주 기초적인 단계이기에 당신 앞에 놓인 개별 상황과는 무관하게 반드시 해야 하는 일이다.

전략 2 견뎌라

무엇을 견디라는 말인가? 현재의 직업, 회사 또는 업종에 남기 위해 할 수 있는 모든 것을 하라는 말이다. 따개비처럼 꼭 달라붙어 있으라. 주변에 실직하는 사람들이 보이더라도 필수 불가결한 직원이 되어 일자리를 사수하라.

누구에게 필요한 전략일까? 이 전략은 쉽게 삶에 변화를 줄 수 없는 이들에게 필요하다. 만일 가정에서 생계를 책임지는 유일한 수입원이거나, 부양해야 하는 부모님을 모시고 있거나, 한 지역에서 어린

216

시절을 보내고 친구와 가족들 모두 함께 살아 그곳을 떠날 수 없는 사람에게 필요한 전략이다.

전략 3 숨어라

어디에 숨으라는 것인가? 경기가 살아날 때까지 학교에 남아 있거나 학교로 다시 돌아가고, 불황에 강한 산업에서 안전한 일자리를 찾아 불황에서 탈출하는 것을 뜻한다.

누구에게 필요한 전략일까? 학교로 돌아가는 것은 젊다면 가장 쉽겠지만 누구나 그렇게 할 수 있다. 불황에 강한 산업에서 일자리를 찾기 위해서는 그러한 기술을 갖고 있느냐에 달려 있다. 교육, 의료, 정부 분야에 알맞은 기술이 있다면 그러한 안정된 분야에서 웅크려 남는 것이 좋은 선택이다.

전략 4 도망쳐라

어디로 도망치라는 것인가? 유망한 곳으로 지리적 위치를 물리적으로 옮겨 가라는 말이다. 또한 망해 가는 산업이나 기업에서 벗어나라는 말이다. 초점을 두는 것은 무엇을 향해 달려가느냐이지, 피해서 도망가려는 대상이 아니다.

누구에게 필요한 전략일까? 물리적으로 이사 가려면 매여 있는 몸이 아니어야 가장 쉽다. 그 말인즉 젊은 층이거나 배우자 또는 자녀가 없다는 말이지만 새로운 모험을 찾는 노부부도 가능하다.

전략 5 쌓아 올려라

무엇을 쌓아 올리라는 말인가? 두 가지를 뜻한다. 첫 번째로는 기술을 쌓는 것이고, 두 번째로는 자신만의 사업을 구축하라는 것이다.

누구에게 필요한 전략일까? 누구나 기술을 쌓을 수 있다. 사업을 구축하는 데 있어서 일반적으로 긴 활주로를 가진 사람에게 가장 유리하다. 활주로라 하면 이윤이 생기기 이전에 사업을 구축하는 데 사용할 수 있는 시간을 말한다. 활주로가 긴 사람들이란 배우자가 일정한 수입이 있거나, 돈다발을 은행에 넣어 두었지만 잃어도 무관하거나, 또는 기업가 정신을 발휘해 사업에 도전할 다양한 자산을 보유한 이들이다.

전략 6 투자하라

무엇을 투자하라는 말인가? 운영 중인 기업이 성장하도록 돈을 투자하거나, 자녀교육비 지출에 투자하거나, 아주 아주 조심스럽게 주식 시장에 투자하는 것을 말한다. 빠삭하게 아는 것이 아니라면 개별 주식을 사고팔라는 것은 아니다.

누구에게 필요한 전략일까? 자녀가 있다면 누구나 자녀교육에 투자해야 한다. 이는 비단 자녀들을 위해서일 뿐 아니라 자기 자신을 위해서도 그렇다. 나이가 들면 자녀들에게 의지하게 될 수도 있다. 은행에 보유한 자산이 조금 있다면 안전한 뮤추얼 펀드에 넣어 둔다. 투자에 열정적으로 뛰어드는 사람은 용감하거나, 요령이 있거나, 어리석거나 셋 중에 하나다.

선제적으로 움직여라

가능한 한 선제적으로 움직여라. 사람들이 '선제적proactive'이라는 말을 남발해서 그 의미가 많이 퇴색했지만 그 말이 진정으로 의미하는 것은 어떤 일이 일어나기 전에 그 일을 예상하면서 행동하는 것을 말한다. 반면에 '수동적reactive'이란 말은 어떤 일이 일어난 후에 그것에 대한 반응으로 행동하는 것을 말한다. 불경기를 맞아 가능한 모든 방법에서 주도적으로 대처하기를 바란다.

다가오는 불황을 예상하고 대학원 프로그램에 등록해 학교에 숨어 있거나, 은퇴하고 나서 자녀들에게 의존할 수 있다는 기대감으로 자녀교육에 투자하는 것 등이 선제적 전략일 수 있다. 불경기가 닥치기 전에 하는 일들인데 경기 하강 국면에 앞서서 준비해 두었기에 잘 헤쳐갈 수 있는 좋은 위치에 놓인다.

실제로 여섯 가지 전략 중 무엇이 되었든 제대로 하고 있다면 선제적인 행동이 될 수 있다. 망해 가는 기업, 업종 혹은 지역에서 일찍 벗어나고 있다면 도망치기는 선제적 전략이 될 수 있다. 또는 호황기에 기술을 잘 쌓아 두어 불황기에 해고되지 않도록 준비하고 있다면 견디기가 선제적 전략이 될 수 있다.

내가 이 책을 쓴 것은 가능한 한 선제적으로 준비할 수 있도록 돕기 위해서다. 경기 상황이 더 나빠지기 전에 플랜 B, 플랜 C, 플랜 D를 만들 수 있도록 이 책을 썼다.

지금 가족과 이에 관한 대화를 나눠야 한다. 불황에 무엇을 할지에 관한 대화 말이다. 확신하건대 그러한 대화를 차일피일 미룬다면 갑작스레 힘든 시간이 찾아와 훨씬 힘들 수 있다.

계획이 있음을 알려 주면 가족을 안심시킬 수 있다. 스스로도 안심이 된다. 경기 침체가 가져오는 가장 나쁜 영향은 스트레스와 불안감이다. 계획을 세우는 것은 그 불안을 진정시킨다. 각자의 상황은 다 다르다. 모든 전략이 모두에게 가능한 것은 아니다. 하지만 각자의 상황과 삶이 어떻든 달려오는 황소를 제압하면 선택지가 생긴다. 누구도 모든 것을 할 수는 없지만, 모든 사람은 무언가를 할 수 있다.

결론

불황에
무엇을 할 것인가?

불경기가 닥쳤다. 누군가는 포기하고, 누군가는 우울증에 빠질 것이다. 누군가는 결국 길거리에 나앉게 될 것이다. 이들은 사상자라 불리고 그 수는 수백만 명에 달할 것이다. 경제학이 왜 '우울한 과학 dismal science'이라고 불리는지 끔찍하게도 피부에 와닿을 것이다.

당신이 이들 중 한 명이 될 필요는 없다. 당신에게는 예지력이 있다. 자기 이해가 있다. 전략도 있고 계획도 있다. 당신이 가진 선택지를 알고 있다.

당신은 기회에 뛰어들고, 강점을 활용하고, 위협을 물리치고, 약점을 보완하고 있다. 과감한 선택을 하고 있다. 새로운 산업으로 도약하고, 새로운 도시로 짐을 싸고, 자신만의 독특한 사업을 시작하는 것이다. 다른 사람들은 엄두도 내지 못할 일들 말이다.

다음 불황에서 살아남고 번영할 것이다. 불 마켓과 함께 뛰게 될 거다. 다리가 침 범벅에 흙투성이가 되겠지만 이겨낼 수 있을 거다. 그리고 경기가 다시 회복되면 당신은 그것을 충분히 활용할 수 있는 좋은 위치에 놓일 것이다.

그때가 황소의 뿔을 잡기에 가장 좋을 때다!

비록 아무도 과거로 돌아가 새 출발을 할 순 없지만,
누구나 지금 시작해 새로운 엔딩을 만들 수 있다.

칼 바드

그림자를 두려워 말라.
그림자란 빛이 어딘가 가까운 곳에서 비치고 있음을 뜻하는 것이다.

루스 E.렌컬